HELMUT JUNGWIRTH
FRITZ TREIBER
NADINE KEMETER
KERSTIN JUNGWIRTH

SCIENCE
SCHMANKERL

HELMUT JUNGWIRTH
FRITZ TREIBER
NADINE KEMETER
KERSTIN JUNGWIRTH

SCIENCE
SCHMANKERL
REZEPTE AUS DEM REAGENZGLAS

Amalthea
Verlag

Wir möchten uns sehr herzlich bei der Ortweinschule Graz für die tolle Kooperation bedanken. Insbesondere bei **Mag. Martin Hörl** und **Mag. Harry Kouba**, welche die kreative Zusammenarbeit der Ortweinschule mit der Karl-Franzens-Universität initiiert haben, was letztendlich zur Umsetzung dieses Kochbuches führte. In den Dank einschließen möchten wir natürlich auch die Schüler und Schülerinnen der Ortweinschule, die wir hier namentlich erwähnen möchten, ohne die das Buch wohl nie zustande gekommen wäre: Die Fotografinnen aus dem Abendkolleg: **Verena Lepuschitz**, **Jutta Walker**, **Nusa Kosar** und **Maria Zottler**. Die Schüler und Schülerinnen aus dem Abendkolleg der Ortweinschule: **Romina Hainzer**, **Heidi Herler**, **Madeline Hurst**, **Elmar Karamujic**, **Ines Kern**, **Sabrina Kleewein**, **Tamara Kokic**, **Julia Leitinger**, **Elisabeth Oleschack**, **Theresa Pless**, **Christian Schmaranz**, **Helena Stelzer**, **Kathrin Würlinger** und **Stefanie Zimmermann**.

Danken möchten wir auch unsereren Lektorinnen **Mag. Liesa Schönegger** und **Dr. Nadine Otto** für ihren genauen Blick, dem hoffentlich kaum ein Fehler entgehen konnte. Großen Dank auch an **Prof. Alfred Gutschelhofer**, der unser Projekt der Molekularen Küche an der Karl-Franzens-Universität Graz von Anfang an unterstützt hat. Weiterer Dank gilt dem gesamten Team der Molekularen Küche des Geschmackslabors Graz: **Anne Erhart** und **Alexandra Schönegger**.

Viel Spaß beim Lesen und Umsetzen der Rezepte wünschen
Helmut Jungwirth | Nadine Kemeter | Fritz Treiber | Kerstin Jungwirth

Besuchen Sie uns im Internet unter: amalthea.at
© 2017 by Amalthea Signum Verlag, Wien
Alle Rechte vorbehalten

Umschlaggestaltung: Elisabeth Pirker/OFFBEAT
Umschlagfotos: © Nusa Kosar; Verena Lepuschitz; Jutta Walker; Maria Zottler
Rezeptfotos: © Nusa Kosar; Verena Lepuschitz; Jutta Walker; Maria Zottler
Autorenfotos: © Lukas Grumet; Kerstin Jungwirth
Satz und Gestaltung: Kerstin Jungwirth
Lektorat: Liesa Schönegger; Nadine Otto
Herstellung: VerlagsService Dietmar Schmitz GmbH, Heimstetten

Die im Buch verwendeten Schriftschnitte sind Raleway (SIL Open Font License) und Gill Sans

Designed in Austria, printed in the EU

ISBN 978-3-99050-108-5

Liebe Leserin, lieber Leser!

Kreatives Kochen mithilfe der Wissenschaft – das ist mein Motto. So setze ich mich seit Jahren mit diesen Themen auseinander und nutze dabei die Grundregeln aus den Bereichen Physik, Chemie und Molekularbiologie. Dabei öffnete mir die Beschäftigung mit der Molekularen Küche die Tür zu weiteren Arbeitsfeldern, von der Gourmetküche über die geriatrische Küche bis zu den Hobbyköchen. Als ich von der kreativen Idee hörte, ein Buch über die Grundtechniken der Molekularen Küche zu schreiben, war ich begeistert. In den spannenden Workshops des Geschmackslabors vermitteln Helmut, Nadine und Fritz Laien und Fachleuten die Wissenschaft in der Küche auf eine unkomplizierte und verständliche Art, ohne dabei den wissenschaftlichen Hintergrund aus den Augen zu verlieren. Die Molekulare Küche bietet sich dafür geradezu an. Dabei setzen sie gekonnt ihr theoretisches Wissen um und verflechten dieses geschickt mit kulinarischen Aspekten. Der Geschmack sowie die Ästhetik der Gerichte kommen dabei auch nicht zu kurz. Mit diesem außergewöhnlichen Buch über ihr jahrelanges Schaffen im Bereich der Molekularen Küche gehen sie nun einen Schritt weiter und geben ihr fundiertes Wissen dem Leser preis.

Ich wünsche Ihnen viel Spaß beim Ausprobieren der raffinierten Rezeptideen und bei spannenden Einblicken in die Wissenschaft der Küche. Meinen Freunden danke ich für die tolle Zusammenarbeit in den letzten Jahren und freue mich auf viele weitere gemeinsame Projekte, die noch folgen werden.

Rolf Caviezel

Der Schweizer Rolf Caviezel ist einer der renommiertesten Molekularköche. Die Molekulare Küche verbindet für ihn zwei wichtige Elemente: das Kochen als Kunst und als Experimentierfreude. Seit einigen Jahren führt der mehrfach ausgezeichnete Buchautor das Restaurant Station 1 in Grenchen in der Schweiz.

IN ANDEREN SPHÄREN

Ein Gruß aus der Küche von
Helmut Jungwirth

Mit Campari-Kaviar, Joghurt-Bomben und Maracuja-Sphären hat sich vor mittlerweile acht Jahren mein Leben als Wissenschaftskommunikator – also jemand, der versucht, vermeintlich komplizierte wissenschaftliche Inhalte so einfach wie möglich zu vermitteln – schlagartig geändert. Ich wurde mit dem Virus »Molekulare Küche« infiziert, ungeplant und unfreiwillig. Auf der Suche nach neuen Methoden, um den Bereich Molekularbiologie für die Lange Nacht der Forschung einer breiten Öffentlichkeit zugänglich zu machen, hatte mein Kollege Dr. Treiber den Einfall, für unsere Besucher etwas zu kochen. Aber nicht irgendetwas, sondern eben Gerichte aus der Molekularen Küche. Was wir zu diesem Zeitpunkt noch nicht ahnen konnten, war, dass uns der Themenbereich so faszinieren würde, dass wir unser Forschungslabor in ein Geschmackslabor umfunktionieren würden …

MOLEKULARE KÜCHE – SPIELEREI ODER ERNST ZU NEHMENDE WISSENSCHAFT?

Um 1990 prägten die Physiker Nicholas Kurti und Hervé This erstmals den Begriff der Molekulargastronomie und legten somit den Grundstein zur Molekularen Küche, die dann Anfang 2000 durch die Köche Ferran Adriá und Heston Blumenthal auch in die Spitzengastronomie Einzug hielt. Ihre Restaurants »elBulli« und »The Fat Duck« führten über mehrere Jahre die Rangliste der besten 50 Restaurants der Welt an. Adriá und Blumenthal machten die Molekulare Küche nicht nur salonfähig, sondern lösten einen wahren Boom aus. Sie wurde über Jahre in den Medien aber nicht nur bejubelt, sondern auch von vielen als Effekthascherei oder Showküche verdammt. Fälschlicherweise, wie ich meine, denn um über Molekulare Küche urteilen zu können, muss man erst einmal wissen, worum es überhaupt geht.

»Es ist absurd, dass wir in unserer Zivilisation die Temperatur in der Atmosphäre der Venus messen können, aber nichts über das Innere eines Soufflés wissen.«

Dieses Zitat von Nicholas Kurti veranschaulicht sehr gut, worum es den Erfindern der Molekulargastronomie eigentlich ging: nämlich die Abläufe in der Küche zu hinterfragen. Bereits im Jahre 1969 präsentierte Kurti vor der Royal Society in London einen wissenschaftlichen Artikel mit dem Titel »The Physicist in the Kitchen« und zeigte so eindrucksvoll, dass Wissenschaft und Küche untrennbar zusammengehören. Wissenschaftlich gesehen ist die Molekulare Küche eine Zusammenarbeit von Wissenschaftlern und Köchen, um die physikalischen, chemischen und molekularbiologischen Prozesse beim Kochen, Backen und Braten näher zu betrachten und in Form von neuen Kochtechniken umzusetzen.

Leider werden diese Techniken aber oft nur dazu verwendet, um es ordentlich »krachen« zu lassen, also zu Showzwecken, um Gerichte, zumindest für das Auge, »aufzuwerten«. Das beste Beispiel dafür ist das Kochen mit flüssigem Stickstoff bei einer Temperatur von minus 196 °C, wo es dampft und sprudelt, wenn man Lebensmittel eintaucht, die dann in Sekundenschnelle gefrieren. Doch dass der flüssige Stickstoff in der Molekularen Küche eigentlich dafür eingesetzt wird, um Geschmacksnoten gezielt hervorzuheben und Gerichte kulinarisch weiterzuentwickeln, geht bei diesen Showeinsätzen völlig verloren. Und genau da kommen wir zu jenem Image-Problem, das der Molekularen Küche immer noch anhaftet.

Meiner Meinung nach zu Unrecht, wie folgendes Projekt eindrucksvoll beweist. Der Schweizer Koch Rolf Caviezel ist einer der renommiertesten deutschsprachigen Vertreter der Molekulargastronomie, wobei er seinen Werdegang eigentlich ganz anders begann, nämlich als Koch in einem Altenheim. Und genau dort setzte er sich das erste Mal mit der Molekularen Küche auseinander. In Zusammenarbeit mit dem deutschen Geschmacksforscher Prof. Thomas Vilgis entstand ein Projekt, bei dem sie das Essen in Pflegeheimen näher betrachteten, wissenschaftlich hinterfragten und neue Rezepte kreierten. Denn viele medizinische Probleme im Alter, wie zum Beispiel Nährstoffmangel, Schluckbeschwerden, Appetitlosigkeit oder Speichelmangel, sind mit dem Essen verbunden. Innovative Techniken der Molekularen Küche, wie etwa das Aufschäumen von Lebensmitteln, sogenannte Espumas, können hier helfen. Da man mithilfe dieser Kochtechniken die Konsistenz der Gerichte so verändern kann, dass Patienten diese einfacher schlucken können und zudem auch weniger Speichel benötigen.

»Es ist absurd, dass wir in unserer Zivilisation die Temperatur in der Atmosphäre der Venus messen können, aber nichts über das Innere eines Soufflés wissen.«

Ein weiterer wichtiger Faktor ist die schwindende Geschmackswahrnehmung bei älteren Menschen. Mitverantwortlich hierfür ist die kontinuierliche Reduktion der Geschmacksknospen. Denn während Neugeborene etwa 10 000 Geschmacksknospen besitzen, reduziert sich diese Zahl bei älteren Menschen auf etwa ein Drittel. Daher sollte man, im Vergleich zu jüngeren Menschen, für Ältere anders Würzen, ein Punkt, der leider allzu oft vergessen wird. Bei Demenzkranken kommt zusätzlich eine veränderte Wahrnehmung von Hunger, Durst, Riechen, Schmecken und Sättigung hinzu. Zusätzlich haben wir aber auch noch das Problem, dass die Kommunikationsfähigkeit eingeschränkt sein kann, somit sind Vorlieben und Abneigungen der Patienten manchmal schwer herauszufinden. Auch in diesem Fall kann die Molekulare Küche Abhilfe schaffen, denn mit Gelen aus der Molekularen Küche kann man einfach und wirkungsvoll bevorzugte Geschmacks- und Geruchskombinationen herausfinden und so Gerichte individuell anpassen.

ÜBER GESCHMACK LÄSST SICH (NICHT) STREITEN

Seit jeher ist die Beschaffung von Nahrung eines der wichtigsten Kriterien um zu überleben und die eigene Art zu erhalten, nicht nur im Tierreich, sondern natürlich auch im Laufe der Entwicklung des Menschen. Die Geruchs- und die Geschmackswahrnehmung spielt dabei eine entscheidende Rolle, denn sie dienen dem Menschen quasi als Messgeräte, um die Qualität von Nahrungsmitteln, zum Beispiel auf Genießbarkeit, Reifegrad oder Energiegehalt, überprüfen zu können.

Der Geschmack liegt übrigens auf der Zunge, die daher nicht nur ein unverzichtbares Organ für unsere Kommunikation, sondern auch für unsere Geschmacksempfindung ist. Der Mensch ist mit der Zunge in der Lage, zwischen sechs Grundgeschmacksrichtungen zu unterscheiden: süß, umami, fett, sauer, salzig und bitter. Entgegen der immer noch weit verbreiteten Annahme, dass nur bestimmte Bereiche der Zunge für die Wahrnehmung von einzelnen Geschmacksrichtungen verantwortlich sind, weiß man heute, dass auf der ganzen Zunge fast alle Geschmacksrichtungen gleich gut wahrgenommen werden können. Eigentlich wusste man das auch schon vor mehr als hundert Jahren. Das geht schon aus der Veröffentlichung »Zur Psychophysik des Geschmackssinnes« des deutschen Forschers David Hänig aus dem Jahre 1901 hervor. Allerdings wurden die Abbildungen der Zunge aus seinem Artikel in nachfolgenden Veröffentlichungen falsch wiedergegeben und fehlinterpretiert. Die weit verbreitete Meinung, dass man am Zungengrund nur bitter und auf der Zungenspitze nur süß schmeckt, stimmt daher nicht. Bittere Geschmacksstoffe können aber, im Vergleich zu den anderen Geschmacksrichtungen, bereits in sehr niedrigen Konzentrationen wahrgenommen werden. Erklären ließe sich das so, dass der Mensch durch die niedrige Wahrnehmungsschwelle für bitter schon in geringen Konzentrationen gesundheitsschädliche Substanzen in der Nahrung erkennen und somit meiden konnte. Da der Mensch aber in der heutigen Zeit giftige Substanzen in Lebensmitteln im Normalfall nicht mehr erkennen muss, dient unser Geschmackssinn mehr dem Genuss und als subjektives Werturteil, ob uns unsere Nahrung schmeckt oder nicht. Aber warum werden Lebensmittel von unterschiedlichen Menschen unterschiedlich wahrgenommen?

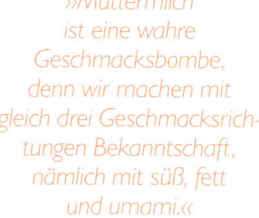

»Muttermilch ist eine wahre Geschmacksbombe, denn wir machen mit gleich drei Geschmacksrichtungen Bekanntschaft, nämlich mit süß, fett und umami.«

Beim Geschmackssinn zeigen Menschen vererbte Vorlieben und Abneigungen, die durch die eigene Erbinformation bestimmt werden und die wir als genetische Grundlage von unseren Eltern und Großeltern vererbt bekommen haben. Zusätzlich gibt es aber auch noch erlernte Präferenzen für bestimmte Nahrungsmittel und dieser Lernprozess beginnt nicht erst als Kleinkind, sondern interessanterweise bereits vor der Geburt. Denn in der Nahrung enthaltene Moleküle gelangen auch in das Fruchtwasser und werden vom Fötus im Bauch der Mutter aufgenommen. Da dieser bereits ab der 32. Schwangerschaftswoche den Geschmack von Fruchtwasser wahrnehmen kann, kommen Neugeborene bereits mit erlernten Geschmackseindrücken zur Welt. Kurz nach der Geburt kommen wir mit der Zunge das erste Mal mit einem der wichtigsten Nahrungsmittel in Kontakt, der Muttermilch. Eine wahre Geschmacksbombe, denn wir machen mit gleich drei Geschmacksrichtungen Bekanntschaft, nämlich mit süß, fett und umami. Süß aufgrund des Milchzuckers, der sogenannten Laktose. Es ist daher nicht überraschend, dass süß weltweit von Anfang an von den meisten Menschen geliebt wird, zumal Milchzucker eine Hauptkomponente der Muttermilch ist. Neugeborene reagieren beispielsweise auf Zuckerwasser mit einem Lächeln und starken Saug-Bewegungen und können bereits nach ein bis vier Tagen verschiedene Zuckermoleküle unterscheiden. Neben der Süße nehmen wir auch die in der Muttermilch enthaltenen Fette wahr. Die Geschmackswahrnehmung für fett ist insofern wichtig, weil Fette nicht nur Energielieferant sind, sondern bestimmte Vitamine nicht in Wasser, sondern nur in Fett gelöst werden können, wie die Vitamine A, D, E und K. Vitamine, die für unseren Kör-

per lebensnotwendig sind. Vitamin A wird etwa über unsere Nahrung aufgenommen, in der Leber gespeichert und spielt eine entscheidende Rolle in unserem Immunsystem. Bei Vitamin-A-Mangel können bereits vermeintlich harmlose Erkrankungen durch das geschwächte Immunsystem nur unzureichend bekämpft werden, damit größeren Schaden anrichten und im schlimmsten Fall sogar tödlich sein.

Aber wofür steht eigentlich umami? Die Geschmacksrichtung umami kommt aus dem Japanischen, bedeutet übersetzt »herzhaft, schmackhaft« und wird unter anderem durch Glutaminsäure ausgelöst. Glutaminsäure ist eine Aminosäure, also Grundbaustein von Eiweißen beziehungsweise Proteinen. Daher wird umami auch umgangssprachlich als Proteingeschmack bezeichnet. Muttermilch und Fleisch enthalten einen hohen Anteil an Proteinen und Glutaminsäure und evolutionär half uns der Umami-Geschmack, den Energiegehalt der Nahrung einschätzen zu können. Umami-Namensgeber war übrigens der japanische Wissenschaftler Kikunae Ikeda, dem es um 1900 erstmals gelang Glutaminsäure aus Algen zu gewinnen und ihre Wirkung als Geschmacksträger zu entdecken. Aber wie so oft in der Wissenschaft zeigte sich leider auch hier, dass es von der Entdeckung bis zur ruhmreichen Anerkennung manchmal ein steiniger Weg ist. Denn es dauerte fast 100 Jahre, bis umami auch in der Wissenschaftswelt als eigene Geschmacksrichtung offiziell anerkannt wurde.

»Die spätere Akzeptanz unterschiedlicher Lebensmittel hängt auch davon ab, wie wir in unserer Kindheit geprägt werden.«

WARUM BEI KINDERN POMMES FRITES BESSER ANKOMMEN ALS ERBSEN

Neben süß, fett und umami, die in der Muttermilch enthalten sind, gibt es aber noch drei weitere Geschmacksrichtungen, die wir mit unserer Zunge wahrnehmen können: salzig, sauer und bitter. Die werden allerdings erst nach dem Stillen aktiviert und müssen von Kleinkindern erst erlernt werden. Wissenschaftliche Studien zeigten, dass Säuglinge auf die Geschmacksrichtung salzig unbeeindruckt reagierten und sauer und bitter eher ablehnten. Und jetzt wird auch klar, warum es so wichtig ist, in den ersten Lebensjahren ein reichhaltiges Angebot an Lebensmitteln kennenzulernen. Denn in unserer Erbinformation (DNA) tragen wir zwar den Bauplan zur Erkennung von salzig, sauer und bitter, aber die spätere Akzeptanz unterschiedlicher Lebensmittel hängt auch davon ab, wie wir in unserer Kindheit geprägt werden. Das ist zumindest die wissenschaftliche Theorie dahinter. Als Vater eines dreijährigen Sohnes weiß ich aber auch, dass die Theorie praktisch oft nur sehr schwer umsetzbar ist. Mein Sohn ist trotz seiner noch mangelnden koordinativen Fähigkeiten ein wahrer Großmeister darin, fein geschnittene Karotten, Sellerie und Erbsen aus einem Gemüsereis zu isolieren. Gutes Zureden, dass Gemüse entscheidend für seine gustatorische Entwicklung sei, ist in diesem Alter natürlich kein probates Mittel. Aber was soll man dann machen?

Um diese Frage beantworten zu können, muss man erst einmal verstehen, warum fast alle Kinder in Bezug auf Essen so handeln, wie sie handeln. Genetisch sind Babys und Kleinkinder nämlich so vorprogrammiert, dass sie Süßes, Fettiges und Eiweißreiches mit energiereicher Nahrung verbinden. Nicht zuletzt deshalb, weil diese drei Geschmacksrichtungen die Hauptkomponenten der Muttermilch sind. Kein Wunder also, dass Schokolade, Pommes Frites und Wiener Schnitzel bei Kindern so gut ankommen. Sauer und bitter werden jedoch mit giftigen, verdorbenen oder unreifen Lebensmitteln assoziiert. Diese in unserer Erbinformation abgespeicherten Denkmuster sicherten dem Menschen im Laufe der Jahrtausende dauernden Entwicklung das Überleben. Denn auch wenn wir in unserem heutigen Überangebot an Nahrungsmitteln nicht mehr darauf angewiesen sind, so ist es dennoch in uns abgespeichert und wird automatisch abgerufen. Zumindest so lange, bis wir aufgrund der in unserem Leben gesammelten Erfahrungen diesem Denkmuster entfliehen können.

Ein weiteres evolutionäres Mittel, um mögliche Giftquellen zu vermeiden, ist die Angst vor Neuem, wissenschaftlich Neophobie genannt. Übrigens nicht nur beim Menschen, sondern auch im Tierreich verbreitet. Wissenschaftler konnten zeigen, dass gerade Kleinkinder und Kindergartenkinder ein hohes Maß an Neophobie zeigen und viele Lebensmittel ablehnen, ohne sie je gekostet zu haben. Dies kann ich aus eigener leidvoller Erfahrung nur bestätigen. Aber die Wissenschaft gibt mir Grund zur Hoffnung und kann die Frage, wie man damit umgehen soll, auch relativ gut beantworten. Gleich vorweg, Geduld siegt über den Zwang. Wissenschaftliche Studien konnten beweisen, dass Kleinkinder Nahrungsmittel, die sie vorab ablehnten, dann doch noch probierten, wenn sie ihnen an aufeinanderfolgenden Tagen immer wieder angeboten wurden. Ich gebe zu, das ist eine Herausforderung an den Familienkoch. Der

Angst vor Neuem kann man aber auch entgegenwirken, indem man als Elternteil nicht nur dasselbe isst und sich dabei freundlich verhält, sondern auch einmal auf spielerische Art das Kosten versüßt. Aber am besten funktioniert, wenn Kinder sehen, dass andere Kinder dasselbe essen. Alles wissenschaftlich belegt. Und für jene, die mit all diesen Methoden trotzdem keinen Erfolg haben, bleibt ein Hoffnungsschimmer. Zumindest die Skepsis gegenüber Neuem sollte sich vor der Pubertät legen. Im Laufe unseres weiteren Lebens werden dann etwaige Vorlieben und Abneigungen durch unser Umfeld und unsere eigene Persönlichkeit weiter beeinflusst und geprägt.

»Genetisch sind Babys und Kleinkinder nämlich so vorprogrammiert, dass sie Süßes, Fettiges und Eiweißreiches mit energiereicher Nahrung verbinden. «

DER GESCHMACK WIRD ÜBERBEWERTET

Wenn wir verkühlt sind, kommt es uns vor, als könnten wir auch ein noch so aromatisch zubereitetes Gericht nicht schmecken. Das stimmt allerdings nicht. Auch bei verschnupfter Nase können wir nämlich die sechs Geschmacksrichtungen süß, sauer, salzig, bitter, umami und fett auf unserer Zunge noch wahrnehmen. Aber warum haben wir dann trotzdem das Gefühl, als würden wir nichts »schmecken«? Weil wir leider sehr oft von Geschmack sprechen, obwohl wir eigentlich den Geruch meinen. Riechen ist die Wahrnehmung von sogenannten flüchtigen Substanzen, also Stoffen, die zum Beispiel in Lebensmitteln gebunden vorliegen, aber leicht verdampfen und so über die Luft freigesetzt werden können. Diese Aromastoffe werden beim Kochen über das Schneiden, das Zermahlen oder das Erhitzen der jeweiligen Lebensmittel über die Luft freigesetzt und orthonasal, also über die Nase, aufgenommen. Die dabei in der Nase gebundenen Geruchsmoleküle führen dazu, dass Signale

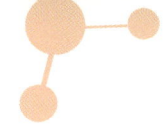

an das Gehirn weitergeleitet und mit Emotionen verbunden werden. Wir haben allerdings noch eine zweite Möglichkeit, wie wir unser Essen »geruchlich« wahrnehmen können, nämlich retronasal. Frei aus dem Lateinischen übersetzt würde das bedeuten »rückwärts die Nase betreffend«. Klingt kompliziert, ist es aber nicht. Denn nicht nur wenn wir an einer Speise riechen, gelangen Geruchsstoffe in unserer Nase, sondern auch beim Kauen von Nahrungsmitteln. Aromen geraten dabei von der Mundhöhle über den Rachenraum in die Nasenhöhle. Unsere Nase kann so Tausende Geruchsmoleküle unterscheiden, und das bereits in sehr geringen Konzentrationen, und trägt so wesentlich zum Geschmack bei.

Der Kaffee ist das beste Beispiel um zu zeigen, dass nicht die Geschmacks-, sondern die Geruchswahrnehmung beim Essen und Trinken die eigentliche Hauptkomponente für das Genussempfinden ist. Im Kaffee sind mehr als 1000 verschiedene Inhaltsstoffe enthalten, die wir nur über unsere Nase wahrnehmen können. Würden wir nur unsere Zunge zur Verfügung haben, wie eben bei einer starken Erkältung, könnten wir lediglich die Bitternote des Kaffees erschmecken. Der Kaffeegenuss beginnt somit bereits beim Mahlprozess und dem Brühvorgang, wo flüchtige Kaffeeinhaltsstoffe über die Luft freigesetzt werden und in unsere Nase gelangen. Beim Trinken des heißen Kaffees werden dann alle Aromen über den Racheraum in die Nasenhöhle transportiert, wo das Riechepithel liegt. Die Geruchsmoleküle, darunter auch die für den Kaffee charakteristischen Röstaromen, werden dort an Rezeptorproteine der Riechzellen gebunden, wodurch in weiterer Folge Signale an unser Gehirn weitergeleitet und zu einem spezifischen Geruch

verarbeitet werden. Die Geschmacksrichtung bitter verdankt der Kaffee übrigens nur zu einem geringen Prozentsatz dem Koffein. Der Röstprozess, die Art des Brühvorganges und die im Kaffee enthaltenen Chlorogensäuren sind zumeist für einen erhöhten Grad an Bitterkeit im Kaffee verantwortlich. Und sollte Ihnen der Kaffee einmal zu bitter sein, empfehlen Wissenschaftler die Zugabe von Zucker. Die Koffeinmoleküle rücken dann nämlich enger zusammen, fliehen sozusagen vor dem Zucker, können dadurch von den Geschmackszellen auf der Zunge weniger gut erkannt werden und kommen uns deshalb nicht so bitter vor.

> *»Aromastoffe werden beim Kochen über das Schneiden, das Zermahlen oder das Erhitzen der jeweiligen Lebensmittel über die Luft freigesetzt und orthonasal, also über die Nase aufgenommen.«*

Wenn Sie bei Freunden zum Essen eingeladen sind und beim Betreten der Wohnung bereits verkünden, dass es aus der Küche köstlich riecht, dann haben Sie ein Kompliment gemacht, über das sich die Gastgeber sicherlich sehr freuen werden. Interessanterweise werden wir aber nach dem Essen zumeist nur gefragt, wie es uns geschmeckt hat, und nie, wie wir die Speise geruchlich bewerten. Sie können einen Selbstversuch starten und bei der nächsten Einladung nach dem Essen dem Koch mitteilen, dass das Gericht für Sie beim Kauen vorzüglich gerochen hat. Ich bin gespannt, ob er sich freut oder ob Sie eher verwirrte Blicke der Anwesenden ernten werden. Denn eigentlich machen Sie dem Koch damit zwei wirklich große Komplimente. Einerseits, dass das Essen hervorragend gewürzt war. Sehr viele Gewürze können nämlich nicht geschmeckt, sondern nur gerochen werden. Sie können das in einem einfachen Versuch ausprobieren. Vermischen sie Zimt und Zucker und essen Sie davon einen Teelöffel voll, halten Sie sich dabei aber immer die Nase zu. Sie werden sehr schnell merken, dass Sie eine Komponente so gar nicht herausfiltern können, nämlich den Zimt. Während Sie den Zucker mit der Zunge schmecken können, nehmen sie den Zimt nämlich nur über den Geruch, also über die Nase, wahr. Das andere Kompliment wäre, dass Sie dem Koch eine perfekte Kochtechnik attestieren. Denn eine zu frühe Zugabe von Zutaten oder der Einsatz von zu hohen Temperaturen führt dazu, dass Geruchsmoleküle, die in Lebensmitteln gebunden vorliegen und erst beim Kauen des Essens wahrgenommen werden sollten, schon während des Kochens freigesetzt werden. Aber was nutzt ein Kompliment, wenn es die anderen nicht als solches verstehen.

MOLEKULARE KÜCHE ZUM NACHKOCHEN

Als wir im Jahre 2009 die Molekulare Küche als Tool der Wissensvermittlung für die Lange Nacht der Forschung auserkoren hatten, war uns ein gewisser Showeffekt natürlich bewusst und beabsichtigt. Ziel war es ja, Menschen für die Molekularbiologie zu begeistern und ihnen zu zeigen, dass Wissenschaft auch Spaß machen kann. Als wir uns aber näher damit befassten, wurde uns sehr schnell klar, dass hinter dieser Technik weit mehr steckt. Vor allem kulinarisch und geschmackssensorisch. Das wohl bekannteste Beispiel der Molekularen Küche ist die Verkapselung, die sogenannte Sphärifizierung. Klingt kompliziert, ist es aber nicht, sofern man weiß, wie das Ganze funktioniert. Wenn man nämlich Alginat, ein Polysaccharid aus Bakterien und Braunalgen, in Wasser auflöst, dann laden sich die langkettigen Zuckermoleküle an mehreren Stellen negativ auf. Tropft man nun diese Alginat-Lösung mit einer dünnen Spritze in eine Kalzium-haltige Flüssigkeit, wie zum Beispiel in die in unseren Rezepten verwendete Gluconolac-

»Als wir uns näher mit der Molekularen Küche befassten, wurden uns sehr schnell klar, dass hinter dieser Technik weit mehr steckt, als nur ein Showeffekt.«

tat-Lösung, interagieren die negativ geladenen Zuckermoleküle mit dem positiv geladenen Kalzium und bilden ein Netzwerk. Es entstehen so Kügelchen mit fester Hülle und flüssigem Kern, der Molekulare Kaviar. In Bakterien und Braunalgen hat Alginat übrigens eine sehr wichtige Funktion als strukturgebende Komponente der Zellwände. Auch in der Lebensmittelindustrie und der Medizin wird Alginat verwendet: als Zusatzstoff für Speiseeis oder Tiefkühlprodukte, als Kalzium-Alginat-Kompressen bei der Wundversorgung oder bei Sodbrennen als physikalische Barriere zwischen saurem Mageninhalt und Speiseröhre.

Wer aber braucht beim Kochen Kügelchen, die innen flüssig sind? Sind wir einmal ehrlich, ist das nicht eigentlich doch nur ein Showeffekt? Molekularer Kaviar ist ein fest-flüssiges Zweiphasensystem und zeichnet sich dadurch aus, dass der flüssige Kern erst dann freigelegt wird, wenn wir Druck auf die Hülle ausüben. Wenn wir nun einen »Campari-Orange à la Molekulare Küche« trinken, also Orangensaft mit Campari-Kaviar, wird die bittere Geschmacksnote des Camparis erst wahrgenommen werden können, wenn der Kaviar im Mund zum Platzen gebracht wird. Dann erst verteilt sich der Campari auf der Zunge und die enthaltenen Geschmacksmoleküle docken innerhalb von Zehntelsekunden an unseren Geschmacksrezeptoren an. Zudem werden im Mund Aromastoffe, die in der Flüssigkeit gebunden vorlagen, freigesetzt und gelangen über den Nasenrachenraum ins Riechepithel der Nase. Eine wahre Geschmacks- und Geruchsexplosion. Mithilfe des Molekularen Kaviars sind wir somit in der Lage, die süße Komponente des Orangensaftes und die bittere Note des Camparis räumlich zu trennen und die Intensität der unterschiedlichen Geschmacksnoten und Aromastoffe nach Lust und Laune selbst zu steuern. Je nachdem, wann und wie viele Kügelchen ich platzen lasse.

Ich muss zugeben, dass unsere ersten Versuche als Molekulare Köche etwas holprig verliefen, unser Molekularer Kaviar wurde ständig hart. Auch die Lagerung im Ausgangsprodukt, also im Campari, konnte diesen Prozess nicht stoppen. Wir fanden sehr bald heraus, dass es dafür einfache wissenschaftliche Erklärungen gibt. Das Problem bei Molekularem Kaviar ist, dass sich die Reaktion zwischen negativ geladenem Alginat und positiv geladenem Kalzium nicht abstoppen lässt, er somit nach 30 Minuten ganz durchgeliert und auch innen fest wird. Was also tun, wenn man Freunde zu Gast hat und den Campari-Kaviar als Aperitif anbieten möchte? Wir empfehlen, die Alginat- und Gluconolactat-Lösung schon vorher herzustellen und im Kühlschrank zu lagern, aber den Kaviar erst direkt vor dem Servieren zu produzieren. Oder gleich selbst von den Gästen herstellen zu lassen. So haben wir es bei der Langen Nacht der Forschung auch gemacht. Was wir damals eigentlich als Spaßprojekt begonnen hatten, hat sich zu einem unserer erfolgreichsten Projekte in der Wissenschaftskommunikation entwickelt. Unser anfangs kleines Setting, bestehend aus einigen Boxen mit Kochutensilien, wurde mittlerweile zu einem eigenen Geschmackslabor an der Universität Graz ausgebaut, in dem wir regelmäßig wissenschaftliche Kochkurse für Kochinteressierte anbieten, unter anderem auch Kurse mit dem Themenschwerpunkt »Molekulare Küche«.

In diesem Buch möchten wir Ihnen nicht nur mehr als 70 Rezepte der Molekularen Küche präsentieren, sondern haben diese auch so ausgearbeitet, dass sie besonders einfach und ohne großen Aufwand nachkochbar sind. Wir zeigen Ihnen, wo Sie alle benötigten Materialien erhalten, erklären die Handgriffe in übersichtlichen Bildern und verraten Ihnen natürlich auch unsere ganz speziellen Tipps & Tricks.

Viel Spaß beim (Molekularen) Kochen!!
Ihr Helmut Jungwirth

»Mithilfe des Molekularen Kaviar sind wir in der Lage, die süße Komponente des Orangensaftes und die bittere Note des Camparis räumlich zu trennen und die Intensität der unterschiedlichen Geschmacksnoten und Aromastoffe selbst zu steuern.«

PAPIER

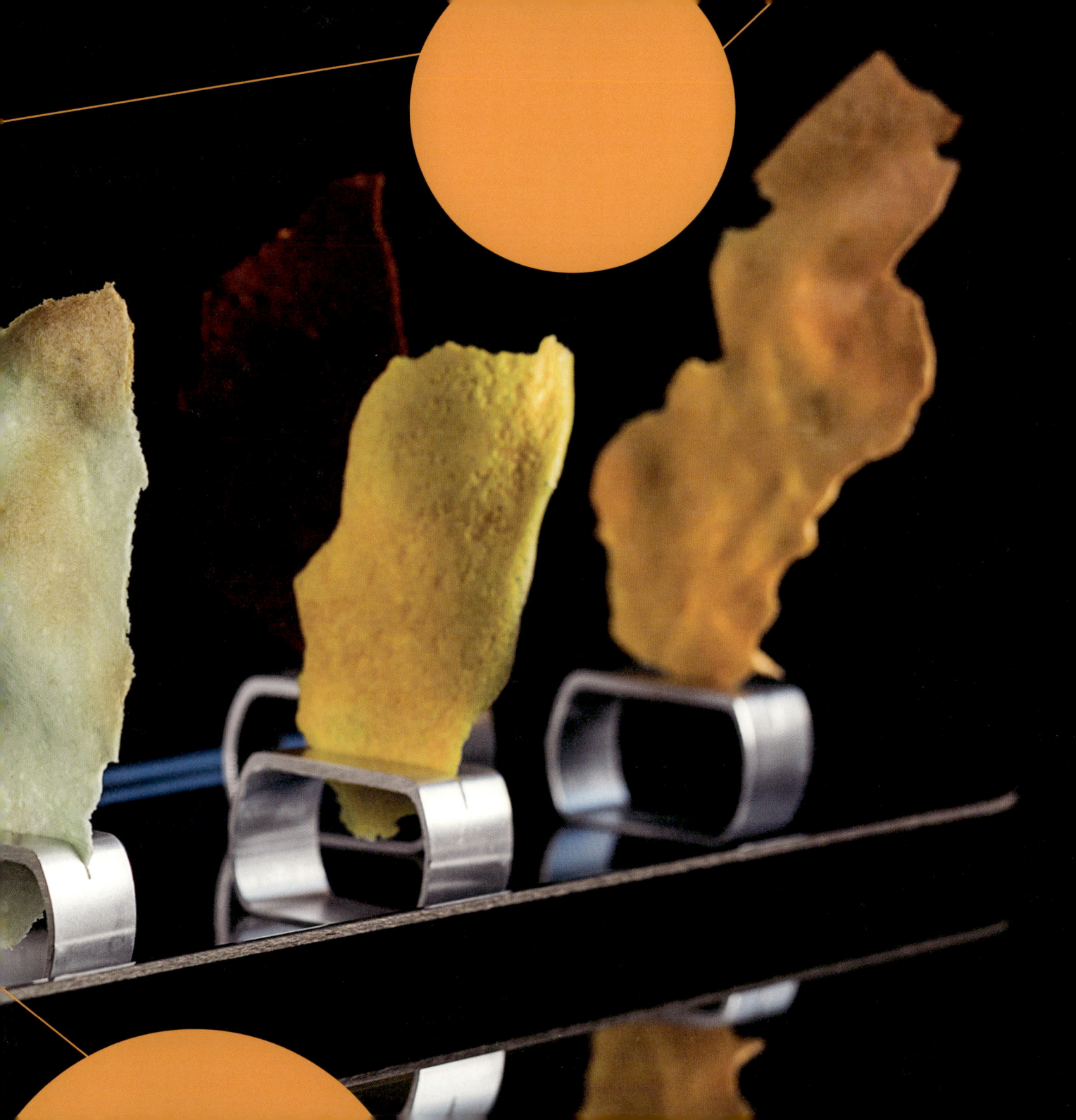

Handgriffe Papier

01

02

03

04

05

06

07

08

Mozzarella-Papier

ZUTATEN

4 g	Methylcellulose
80 ml	Wasser
80 ml	Mozzarella-Molke (≈ Inhalt 1 Beutel)
25 g	Mozzarella

90 Min. Backzeit

ZUBEREITUNG

01 Methylcellulose-Stammlösung: 4 g Methylcellulose abwiegen und 80 ml Wasser vorbereiten.

02 Beides vermengen und mit dem Stabmixer 1 Minute pürieren. Für mind. 4 Stunden, am besten über Nacht, in den Kühlschrank stellen.

03 Vorher-Nachher-Vergleich: Der frisch gemischte Ansatz ist schneeweiß (linkes Gefäß). Nach etwa 4 Stunden Rast im Kühlschrank wird die Stammlösung durchsichtig (rechtes Gefäß).

04 Die Mozzarella-Molke und der Mozzarella werden zur Methylcellulose-Stammlösung hinzugegeben.

05 Erneut pürieren.

06 Die Masse in die Mitte einer Silikonmatte schütten.

07 Gleichmäßig verstreichen.

08 Für 90 Minuten bei 100 °C, ins Backrohr geben.

Rote-Rüben-Papier

ZUTATEN

4 g   Methylcellulose

80 ml   Wasser

100 ml   Essig von eingelegten Roten Rüben

100 g   eingelegte Rote Rüben

120 Min. Backzeit

ZUBEREITUNG

01   Methylcellulose-Stammlösung: 4 g Methylcellulose abwiegen und 80 ml Wasser vorbereiten.

02   Beides vermengen und mit dem Stabmixer 1 Minute pürieren. Für mind. 4 Stunden, am besten über Nacht, in den Kühlschrank stellen.

03   Die Roten Rüben mit dem Essig fein pürieren.

04   Die Methylcellulose-Stammlösung hinzugeben und erneut mixen.

05   Auf eine Silikonmatte streichen und für ca. 120 Minuten bei 100 °C ins Backrohr geben.

Kurkuma-Kartoffelchips

ZUTATEN

4 g	Methylcellulose
80 ml	Wasser
300 g	Kartoffeln
500 ml	Salzwasser
½ TL	Kurkuma
1 Prise	Muskatnuss
1 Prise	Pfeffer

120 Min. Backzeit

ZUBEREITUNG

01 Methylcellulose-Stammlösung: 4 g Methylcellulose abwiegen und 80 ml Wasser vorbereiten.

02 Beides vermengen und mit dem Stabmixer 1 Minute pürieren. Für mind. 4 Stunden, am besten über Nacht, in den Kühlschrank stellen.

03 Kartoffeln schälen und in Salzwasser kochen. Das Kochwasser mit Kurkuma, Muskatnuss und Pfeffer würzen.

04 Wenn die Kartoffeln fertig gekocht sind, 150 ml Kartoffelkochwasser entnehmen und mit 50 g der gekochten Kartoffeln pürieren.

05 Dies mit der vorbereiteten Methylcellulose-Stammlösung vermengen und gut pürieren. Eventuell nachwürzen.

06 Auf eine Silikonmatte streichen und für ca. 120 Minuten bei 100 °C ins Backrohr geben.

TIPP: Während das Papier trocknet, können Sie die übrig gebliebenen gekochten Kartoffeln mit einem **Rote-Rüben-Espuma (S. 73)** genießen. Das Kartoffelwasser für die Papierherstellung kann man auch im Vorfeld sammeln und einfrieren.

Papiervariationen

KAROTTEN-PAPIER

4 g	Methylcellulose
80 ml	Wasser (für Methylcellulose)
120 ml	frisch gepresster Karottensaft
1 EL	Olivenöl

90 Min. Backzeit

LACHS-PAPIER
(nach Bernhard Freigassner)

4 g	Methylcellulose
80 ml	Wasser (für Methylcellulose)
100 ml	Wasser (für den Lachs)
40 g	Räucherlachs

90 Min. Backzeit

MAIS-PAPIER
(nach Gert Felber)

4 g	Methylcellulose
80 ml	Wasser (für Methylcellulose)
100 g	Maiskörner
20 ml	Maiswasser
1 EL	weißer Balsamico
1 TL	Zucker

90 Min. Backzeit

BBQ-PAPIER

4 g	Methylcellulose
80 ml	Wasser (für Methylcellulose)
100 ml	Wasser (für BBQ-Sauce)
33 g	Mississippi-BBQ-Sauce
1 g	Tabasco rot

120 Min. Backzeit

TOMATEN-PAPIER

4 g   Methylcellulose

80 ml   Wasser (für Methylcellulose)

120 ml   Tomatensuppe (S. 137)

90 Min. Backzeit

ZUBEREITUNG

01 Methylcellulose-Stammlösung: 4 g Methylcellulose abwiegen und 80 ml Wasser vorbereiten.

02 Beides vermengen und mit dem Stabmixer 1 Minute pürieren. Für mind. 4 Stunden, am besten über Nacht, in den Kühlschrank stellen.

03 Alle weiteren Zutaten miteinander mixen, bis alles fein püriert ist.

04 Die Methylcellulose-Stammlösung hinzugeben und erneut mixen.

05 Auf eine Silikonmatte streichen und für ca. 90 Minuten bzw. 120 Minuten (BBQ-Papier) bei 100 °C ins Backrohr geben.

Tipps & Tricks

AUS WELCHEN LEBENSMITTELN KANN ICH PAPIERE MACHEN?

Grundsätzlich sind der Kreativität keine Grenzen gesetzt. Es können Obst- und Gemüsesorten, Säfte, Fonds oder sogar alkoholische Getränke verwendet werden. Allerdings sollte das Ausgangsprodukt einen starken Eigengeschmack aufweisen. Denn bei der Papierherstellung werden die Geschmacksstoffe im Methylcellulose-Netzwerk immobilisiert und das vorhandene Wasser verdunstet, sodass der Geschmack nicht mehr so stark wahrgenommen werden kann. Des Weiteren sollte beachtet werden, dass sich durch die hohen Temperaturen im Ofen die natürlichen Farbstoffe der eingesetzten Lebensmittel verändern können (sei es durch Zerfall, Oxidation, pH-Wert-Änderung oder Reaktion mit anderen Molekülen). Manchmal können so Stoffe entstehen, die den Geschmack des Papiers negativ beeinflussen, wie zum Beispiel bei einem Himbeer-Papier, bei dem Bitterstoffe gebildet werden.

WAS IST METHYLCELLULOSE?

Cellulose ist der Hauptbestandteil der pflanzlichen Zellwand und kommt somit in nahezu allen Pflanzen vor. Wird Cellulose pulverisiert und mit einer Methylgruppe ($-CH_3$) versehen, entsteht Methylcellulose: ein weißes Pulver, das sich gut in kaltem Wasser auflöst und dabei eine zähflüssige Lösung bildet. Sie kann vom menschlichen Körper nicht verdaut werden und zählt ebenso wie Cellulose zu den Ballaststoffen. Daher sind diese chipsartigen Papiere eine kalorienarme, nahezu fettfreie und ungesalzene Alternative zu gewöhnlichen Knabbereien.

WELCHE TEMPERATUR IST DIE RICHTIGE?

Bei der Papierherstellung ist es wichtig, dass das Wasser langsam und gleichmäßig verdampft. Bei 100 °C funktioniert dies am besten. Höhere Temperaturen trocknen das Papier zwar schneller aus, jedoch verbrennen dabei Stellen am Rand, während das Papier in der Mitte noch feucht ist.

WIE LANGE IST DAS PAPIER HALTBAR?

Da das getrocknete Papier dazu neigt, Wasser aus der Luft aufzunehmen, sollte man es am besten in einem luftdichten Behältnis aufbewahren, damit es knusprig bleibt. Die Haltbarkeit beträgt dann bis zu drei Monate. Falls man es doch einmal vergisst und offen stehen lässt, kann ein erneuter Backrohrbesuch Abhilfe schaffen.

WAS IST NOCH ZU BEACHTEN?

Da manche Papiere, besonders das Mozzarella-Papier, an normalem Backpapier haften bleiben, empfehlen wir die Verwendung von Silikonmatten. Die Temperatur- bzw. Zeitangaben zur Trocknung im Backofen können abweichen, da nicht jedes Gerät gleich schnell und konstant heizt. Deshalb das Papier unbedingt im Auge behalten und spätestens nach einer Stunde Trockenzeit regelmäßig kontrollieren. Sobald trockene Stellen am Rand erkennbar sind, können diese vorsichtig mit einem Messer angehoben werden, um ein Aufrollen und Ankleben zu verhindern.

GELE

Handgriffe Gele

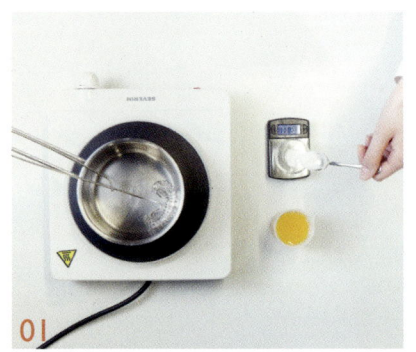

01

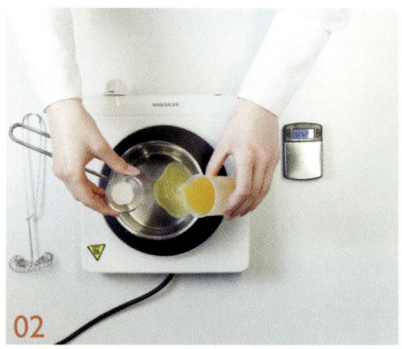

02

03

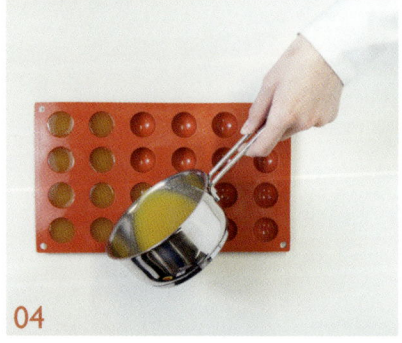

04

05

Mango-Gel

ZUTATEN

100 ml	Mangosaft
0,8 g	Gellan

ZUBEREITUNG

01 Mangosaft abmessen und Gellan abwiegen.

02 Beide Zutaten in einen Topf geben und gut verrühren.

03 Unter Rühren erhitzen, bis mind. 85 °C erreicht sind.

04 In eine Silikonform mit 24 Halbkugeln (Ø 3 cm) füllen. Erkalten lassen. Nach ca. 10–15 Minuten sind die Gele fest geworden.

05 Vorsichtig aus den Formen drücken und anrichten.

Gel-Augen

ZUTATEN

für den Glaskörper:
(1 x Vorderseite/1 x Hinterseite)

2 × 50 ml	Kokosnusssirup
2 × 250 ml	Milch
2 × 2,4 g	Gellan

für die Pupille:

40 ml	Balsamico
10 ml	Wasser
0,45 g	Gellan

für die Iris:

50 ml	Amaretto, Blue-Curaçao oder
	Grüner Bananenlikör
50 ml	Wasser
0,8 g	Gellan

ZUBEREITUNG

01 Zuerst wird die Hinterseite des Glaskörpers zubereitet. Hierfür die Zutaten vermischen und auf mind. 85 °C erhitzen. Die Masse in eine Silikonmatte mit 24 Halbkugeln (Ø 3 cm) gießen, sodass die gesamten Vertiefungen gefüllt sind.

02 Dann wird das Gel für die Pupillen gemacht: Balsamico, Wasser und Gellan vermischen.

03 In einem Topf bis mind. 85 °C erhitzen und mit einem Teelöffel je 1–2 Tropfen des Gels in eine weitere Silikonmatte mit 24 Halbkugeln (Ø 3 cm) gießen.

04 Die Gelschicht ca. 10 Minuten bei Raumtemperatur auskühlen und fest werden lassen.

05 Währenddessen die Iris vorbereiten. Je nach Augenfarbe die Liköre mit Wasser und Gellan gut vermischen. Auf mind. 85 °C aufkochen.

06 Vorsichtig über die bereits feste Pupille gießen, sodass sie zur Gänze bedeckt ist. Die Gelschicht jedoch nicht zu dick gießen.

07 Zutaten für die Vorderseite des Glaskörpers vermischen und auf 85 °C erhitzen. Die Masse auf die Pupille und Iris gießen und die gesamte Vertiefung auffüllen.

08 Die erkaltete Glaskörper-Hinterseite aus der Form drücken und vorsichtig auf den noch warmen Vorderseiten positionieren.

Gelvariation

BALSAMICO-GEL

50 ml	Balsamico
50 ml	Wasser
0,8 g	Gellan

ZUBEREITUNG

01 Alle Zutaten miteinander verrühren.

02 Auf mind. 85 °C erhitzen und auf einen Teller gießen.

03 Erkalten lassen und je nach Wunsch schneiden.

PFLAUMENWEIN-GEL

100 ml	Pflaumenwein
0,8 g	Gellan

ZUBEREITUNG

01 Alle Zutaten miteinander vermischen.

02 Bis mind. 85 °C aufkochen und auf einen Teller gießen.

03 Erkalten lassen und je nach Wunsch schneiden.

APFEL-GELCREME

150 ml	Apfelsaft
1,5 g	Gellan
1 TL	Zimt

ZUBEREITUNG

01 Saft, Gellan und Zimt verrühren und bis mind. 85 °C erhitzen.

02 Zum Auskühlen in eine eckige Glasschale füllen.

03 Die Hälfte des Gels mit dem Mixstab fein pürieren und beide Texturen gemeinsam anrichten.

Tomaten-Spaghetti

ZUTATEN

2	Zwiebeln
2	Knoblauchzehen
1 EL	Olivenöl
3 EL	Zucker
150 ml	Weißwein
500 g	passierte Tomaten
50 ml	Wasser
1 Prise	Salz, Pfeffer
1 g	Gellan

ZUBEREITUNG

01 Zwiebeln und Knoblauch in Würfel schneiden und in Olivenöl anrösten.

02 Zucker darüber streuen und gut umrühren.

03 Portionsweise den Wein unterrühren.

04 Einige Minuten köcheln lassen.

05 Tomaten und Wasser darunter mischen. Salzen und pfeffern.

06 Für ca. 1 Stunde kochen lassen.

07 Suppe auskühlen lassen und fein pürieren.

08 100 ml erkaltete Suppe mit 1 g Gellan verrühren und auf mind. 85 °C aufkochen.

09 Das Tomatengel mittels eines Trichters in eine Spritzflasche füllen.

10 Mithilfe der Spritzflsche das Gel dann in einen Plastikschlauch (Durchmesser 3 mm) füllen und in einem vorbereiteten Eiswasserbad auskühlen lassen.

11 Mit einer leeren Spritzflasche die Spaghetti aus dem Schlauch entweder direkt auf einem Teller anrichten oder zuvor in flüssigen Stickstoff spritzen.

Oliven-Spaghetti

ZUTATEN

50 g	Oliven
30 ml	Wasser
20 ml	Olivenwasser
1 TL	Honig
1 Prise	Salz, Pfeffer
0,8 g	Gellan

ZUBEREITUNG

01 Oliven mit Wasser, Olivenwasser und Honig gut mixen.

02 Mit Salz und Pfeffer würzen

03 In einen Topf füllen, Gellan unterrühren und auf mind. 85 °C aufkochen.

04 Das Olivengel mittels eines Trichters in eine Spritzflasche füllen.

05 Mit der Spritzflasche das Gel dann in einen Plastikschlauch (Durchmesser 3 mm) füllen und in einem vorbereiteten Eiswasserbad auskühlen lassen.

06 Mit einer leeren Spritzflasche die Spaghetti aus dem Schlauch entweder direkt auf einem Teller anrichten oder zuvor in flüssigen Stickstoff spritzen.

Parmesan-Spaghetti

ZUTATEN

200 g	Parmesan
300 ml	Wasser
2 g	Lecithin
1 Prise	Salz, Pfeffer
1 g	Gellan

ZUBEREITUNG

01 Parmesan fein reiben und mit Wasser sowie Lecithin zum Kochen bringen.

02 Mit Salz und Pfeffer würzen.

03 Abkühlen lassen.

04 Parmesan-Wasser in ein Gefäß schütten. Den Parmesan, der sich abgesetzt hat, nicht weiterverwenden.

05 100 ml Parmesan-Wasser mit 1 g Gellan vermischen und auf mind. 85 °C erhitzen.

06 Das Parmesan-Gel mittels eines Trichters in eine Spritzflasche füllen.

07 Mithilfe der Spritzflasche das Gel dann in einen Plastikschlauch (Durchmesser 3 mm) füllen und in einem vorbereiteten Eiswasserbad auskühlen lassen.

08 Mit einer leeren Spritzflasche die Spaghetti aus dem Schlauch entweder direkt auf einem Teller anrichten oder zuvor in flüssigen Stickstoff spritzen.

süße Spaghetti

BLUE-CURAÇAO-SCHOKO-SPAGHETTI

1 g	Gellan
90 ml	Wasser
35 g	weiße Kuvertüre
20 ml	Blue-Curaçao oder Amaretto

KÜRBISKERN-SCHOKO-SPAGHETTI

1 g	Gellan
80 ml	Wasser
35 g	weiße Kuvertüre
20 ml	Kürbiskernöl

ZUBEREITUNG

01 Gellan in Wasser auflösen und erhitzen.

02 Weiße Kuvertüre unterrühren.

03 Langsam das Kürbiskernöl bzw. den Blue-Curaçao oder den Amaretto eintropfen und untermengen, bis eine gleichmäßige Färbung eintritt.

04 Auf mind. 85 °C erhitzen.

05 Die flüssige Schokolade mittels eines Trichters in eine Spritzflasche füllen.

06 Mithilfe der Spritzflasche das Gel dann in einen Plastikschlauch (Durchmesser 3 mm) füllen und in einem vorbereiteten Eiswasserbad auskühlen lassen.

07 Mit einer leeren Spritzflasche die Spaghetti aus dem Schlauch entweder direkt auf einem Teller anrichten oder zuvor in flüssigen Stickstoff spritzen.

süßsaure Drops

ZUTATEN

250 ml	Maracujasaft oder Johannisbeersaft
50 g	flüssige Glucose
75 g	Staubzucker
4 g	Pektin
1 g	Gellan
1 g	Natriumcitrat

für die Verzierung:

10 g	kristalline Zitronensäure
90 g	Kristallzucker

ZUBEREITUNG

01 Alle Zutaten miteinander verrühren und aufkochen.

02 Unter ständigem Rühren 15 Minuten weiterkochen und einreduzieren.

03 In eine Silikonform mit 24 Halbkugeln (Ø 3 cm) gießen und auskühlen lassen.

04 Vorsichtig aus den Formen drücken.

05 Kristallzucker und Zitronensäure miteinander vermischen und die Drops darin wenden.

Pilzreigen

ZUTATEN

100 g	frische Shiitake-Pilze
150 ml	Wasser
5–8 Stk.	getrocknete Steinpilze
150 ml	Wasser
1 Prise	Salz, Pfeffer
2	Lorbeerblätter
0,8 g	Gellan je Pilzgel
150 g	gekochte Erbsen
50 ml	Gemüsebrühe
0,6 g	Agar-Agar

für die Verzierung:

gekochte Buchenpilze

Enoki-Pilze

ZUBEREITUNG

01 Shiitake-Pilze in Wasser kochen. Danach die Pilze entfernen und das Pilzwasser salzen.

02 Shiitake-Fond zur Seite stellen und abkühlen lassen.

03 Für den Steinpilzfond die Steinpilze mit Wasser, Salz, Pfeffer und Lorbeerblättern aufkochen.

04 Ebenfalls abkühlen lassen.

05 Je 100 ml der Pilzfonds mit jeweils 0,8 g Gellan auf mind. 85 °C erhitzen.

06 In ein passendes Glas füllen und auskühlen lassen.

07 Für das Erbsen-Gel die gekochten Erbsen mit der Gemüsebrühe pürieren und durch ein feines Sieb streichen.

08 100 ml Erbsenpüree mit 0,6 g Gellan vermischen und auf mind. 85 °C erhitzen.

09 Auskühlen und fest werden lassen (ca. 10–15 Min).

10 In die ausgekühlten Gele vereinzelt Enoki-Pilze bzw. Buchenpilze stecken.

Klarsicht-Ravioli

ZUTATEN

100 g	frischer Ingwer
500 ml	Wasser
1 g	Gellan
200 g	Frischkäse
1 Prise	Salz, Pfeffer
	frische Kräuter

ZUBEREITUNG

01 Ingwer schälen und in feine Würfel schneiden.

02 Wasser mit Ingwer 10 Minuten aufkochen, kurz nachziehen und dann auskühlen lassen.

03 100 ml Ingwersud mit Gellan in einem Topf verrühren und auf mind. 85 °C erhitzen.

04 Gel dünn auf einer Silikonmatte ausstreichen. Auskühlen lassen.

05 Das gehärtete Gel vorsichtig in ca. 10x10 cm große Quadrate schneiden. Je nach Dicke der Gelschicht ergeben sich 5–10 Ravioli.

06 Für die Füllung Frischkäse mit Salz, Pfeffer und frischen Kräutern würzen.

07 Die Gel-Ravioli mit einem gehäuften Teelöffel befüllen und sehr vorsichtig zudrücken, sodass ein Dreieck entsteht.

Tipps & Tricks

WAS IST EIN GEL?

Gele sind eingedickte Flüssigkeiten und gehören aus physikalischer Sicht zu den Festkörpern. Ihre Festigkeit bekommen sie durch die Zugabe von verschiedenen Geliermitteln; hierzu zählen Gellan, Agar-Agar, Carrageen, Johannisbrotkernmehl, Kappa, Iota und auch Pektin. Die Molekulare Küche verwendet hauptsächlich Geliermittel, die zur Familie der Hydrokolloide gehören und aus chemischer Sicht Zucker sind. Diese Zuckermoleküle sind jedoch so miteinander verbunden, dass sie weder süß schmecken, noch vom menschlichen Verdauungssystem abgebaut werden können. Sie gehören somit zu den Ballaststoffen.

MEIN LIMETTEN-GEL GELIERT NICHT – WIESO?

Grund dafür ist der niedrige pH-Wert des Limettensaftes. Denn die positiv geladenen Wasserstoffionen der Säure im Limettensaft legen sich an die Zuckerketten des Geliermittels an. Dadurch stoßen sich die Zuckerketten voneinander ab, anstatt sich zu verbinden. Durch Zugabe von Salzen (z. B. Natriumcitrat) ist es möglich, den pH-Wert etwas zu heben. Dabei sollte jedoch sparsam vorgegangen werden, da das Gel sonst einen salzigen Beigeschmack bekommen kann.

WIESO MUSS GELLAN AUF MINDESTENS 85 °C ERHITZT WERDEN?

Ab einer Temperatur von 85 °C bildet Gellan eine stabile Gelstruktur aus, die man je nach Gellanmenge auch schneiden kann. Je höher die Temperatur beim Kochen ist, desto fester wird das Gel. Weitere Faktoren, die den Gelierprozess beeinflussen, sind Säuregehalt (pH-Wert), Alkoholgehalt, Fettanteil und Salzkonzentration.

WIE KANN ICH DIE TEMPERATUR MESSEN?

Wir benutzen ein Infrarot-Handthermometer. Alternativ kann ein Küchenthermometer verwendet werden. Hat man beide nicht zur Hand, erkennt man anhand der Blasenbildung, dass die 85 °C überschritten sind. Dann den Topf sofort vom Herd nehmen und das Gel in die gewünschte Form gießen. Achtung bei Alkoholgemischen! Diese senken den Siedepunkt der Flüssigkeit. Wenn hier ein Kochen eintritt, weitere 15 Sekunden auf der Herdplatte lassen und erst dann ausgießen.

SIND DIE FERTIGEN GELE HITZESTABIL?

Gele, die mit Agar-Agar oder Gellan verdickt wurden, sind hitzestabil und können daher im Backofen oder unter einer Wärmelampe warm gehalten werden. Bei längerer Lagerung kann es jedoch vorkommen, dass das Gel austrocknet, da Wasser entzogen wird. Daher am besten erst kurz vor dem Servieren warm stellen.

WÄRE EIN GEL MIT OLIVENÖL MÖGLICH?

Gele können mit einem Gesamtvolumenanteil von 5 % bis max. 20 % Öl hergestellt werden. Allerdings benötigt man hierfür Lecithin, um das Öl gut mit der Flüssigkeit vermischen zu können. Durch das Fett ist das Gel aber eher weich. Ebenso tritt eine Trübung ein, da die Fette das Licht brechen und selbst klare Gele somit ein milchiges Aussehen bekommen.

WIE SOLLEN GELE GELAGERT WERDEN?

Am besten werden Gele in der jeweiligen Gießform belassen, mit Frischhaltefolie abgedeckt und in den Kühlschrank gestellt. So sind sie bis zu 24 Stunden haltbar. Bei Raumtemperatur besteht die Gefahr, dass sich im Gel Bakterien und Pilze schnell vermehren, denn diese finden dort einen optimalen Nährboden. Zudem trocknen die Gele bei Raumtemperatur schneller aus.

KAVIAR & SPHÄREN

Handgriffe Kaviar

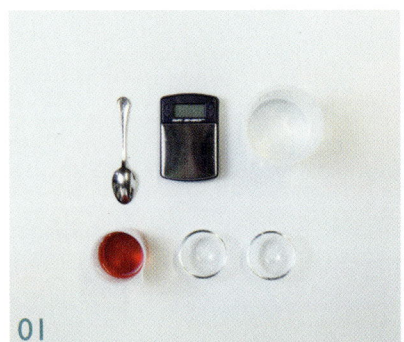

01

02

03

04

05

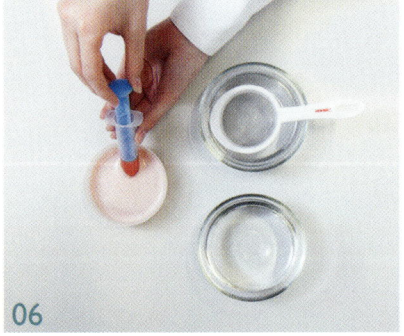

06

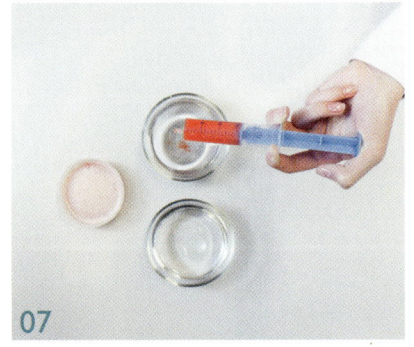

07

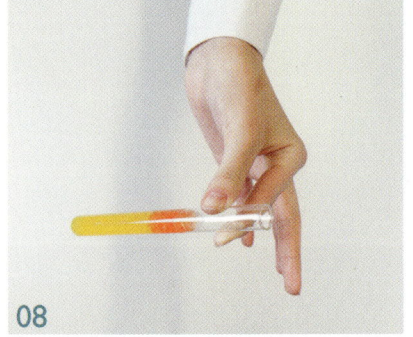

08

Campari-Kaviar

ZUTATEN

1 g	Alginat
60 ml	Campari
40 ml	Wasser
200 ml	Gluconolactat-Bad (S. 57)

ZUBEREITUNG

01 Alle Utensilien bereitstellen.

02 Alginat abwiegen.

03 Campari und Wasser vermengen und gleichzeitig Alginat zugeben.

04 Gut mixen (dabei unbedingt einen Mixstab verwenden), bis sich das Alginat vollständig aufgelöst hat. Danach 10 Minuten rasten lassen.

05 Gluconolactat-Bad, wie auf Seite 57 beschrieben, herstellen.

06 Campari-Alginat-Mischung mit einer Spritze aufziehen.

07 Mit leichtem Druck den Campari aus der Spritze in das Gluconolactat-Bad tropfen lassen, am besten direkt in das Sieb. Der Abstand zwischen Wasserbad und Spritze sollte ca. 20 cm sein. Kaviar in einer Schale mit Wasser abwaschen.

08 Den Kaviar herausnehmen und in Gläser mit Orangensaft füllen.

Kaviarvariationen

KOKOS-KAVIAR

70 ml	Kokosnusssirup
30 ml	Wasser
1 g	Alginat
200 ml	Gluconolactat-Bad (S. 57)

MANGO-KAVIAR

70 ml	Mangosaft
30 ml	Wasser
1 g	Alginat
200 ml	Gluconolactat-Bad (S. 57)

BLUE-CURAÇAO-KAVIAR

50 ml	Blue-Curaçao
50 ml	Wasser
1 g	Alginat
200 ml	Gluconolactat-Bad (S. 57)

AMARETTO-KAVIAR

70 ml	Amaretto
30 ml	Wasser
1 g	Alginat
200 ml	Gluconolactat-Bad (S. 57)

BANANEN-KAVIAR

50 ml	Grünen Bananenlikör
50 ml	Wasser
1 g	Alginat
200 ml	Gluconolactat-Bad (S. 57)

ZUBEREITUNG

01 Geschmackszutat (Kokosnusssirup, Mangosaft, Blue-Curaçao, Amaretto oder Bananenlikör), Wasser, und Alginat gut mixen, bis sich das Alginat vollständig aufgelöst hat.

02 10 Minuten rasten lassen.

03 Gluconolactat-Bad, wie im Basisrezept 1 beschrieben, herstellen.

04 Die Alginat-Mischung mit einer Spritze aufziehen und langsam aus ca. 20 cm Höhe mit etwas Druck in das Gluconolactat-Bad tropfen lassen.

05 Wenn sich ca. 20 Kaviarkügelchen gebildet haben, diese aus dem Bad nehmen und im Wasserbad abwaschen.

06 Die Kaviarperlen in Gläsern je nach Wunsch mit Saft oder Sekt servieren.

BASISREZEPT 1
GLUCONOLACTAT-BAD

- 2 x 200 ml Wasser
- 4 g Gluconolactat

Zwei Glasschüsseln mit je 200 ml Wasser befüllen. In einer der beiden Schüsseln das Gluconolactat auflösen. In dieses Bad ein Sieb zum Auffangen der Kaviarperlen legen.

Handgriffe Sphären

01

02

03

04

05

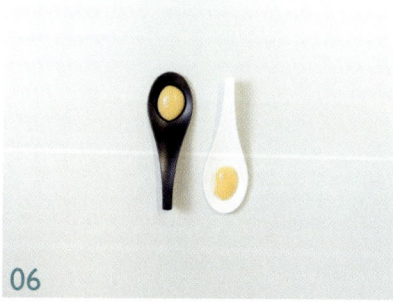
06

Maracuja-Sphäre

ZUTATEN

1,5 g	Alginat
250 ml	Wasser
2,5 g	Gluconolactat
1 g	Xanthan
0,75 g	Natriumcitrat
250 ml	Maracujasaft

ZUBEREITUNG

01 Alginat für das Alginatbad abwiegen.

02 Mit einem Mixstab Alginat mit Wasser gut mischen, anschließend für 2 Stunden in den Kühlschrank stellen.

03 Alginatbad in eine flache Schüssel schütten.

04 Gluconolactat, Xanthan und Natriumcitrat abwiegen und mit dem Maracujasaft vermengen.

05 Das Maracujasaft-Gemisch mithilfe eines möglichst tiefen Löffels in das Alginatbad tropfen. Sphären 2–3 Minuten im Bad liegen lassen und danach herausnehmen. In einer Schüssel mit Wasser abwaschen.

06 Maracuja-Sphären entweder auf einem Löffel servieren oder zu falschem Spiegelei (S. 67) weiterverarbeiten.

TIPP: Sphären können im Kühlschrank, entweder im Wasserbad oder in der entsprechenden Limonade, bis zu 24 Stunden gelagert werden.

Kräuter-Sphären

SPRITE-MINZE-SPHÄRE

250 ml	Wasser
1,5 g	Alginat
500 ml	Sprite
0,75 g	Xanthan
2,5 g	Gluconolactat
½ Bund	Minze

ALMDUDLER-BASILIKUM-SPHÄRE
(nach Peter Kirischitz)

250 ml	Wasser
1,5 g	Alginat
500 ml	Almdudler
0,75 g	Xanthan
2,5 g	Gluconolactat
½ Bund	Basilikum

ZUBEREITUNG

01 Wasser und Alginat in einer hohen Schüssel mit einem Mixstab gut vermischen und für 2 Stunden in den Kühlschrank stellen.

02 Sprite bzw. Almdudler ca. ½ Stunde einkochen, sodass das Volumen auf die Hälfte reduziert wird.

03 Auskühlen lassen. Xanthan und Gluconolactat untermixen.

04 Minze bzw. Basilikum in Streifen schneiden und unter die Masse rühren. Alginatbad in eine flache Schüssel gießen. Eine weitere Schüssel mit Wasser vorbereiten.

05 Mit einem tiefen Löffel die Limonaden-Kräuter-Mischung in das Alginatbad tropfen, sodass Drops entstehen, und 2–3 Minuten ziehen lassen.

06 Sphären vorsichtig im Wasserbad abspülen.

Hibiskus-Sphäre

ZUTATEN

200 ml	Wasser
1,5 g	Alginat
70 ml	Hibiskus-Sirup (Monin)
80 ml	Wasser
1,5 g	Gluconolactat
0,75 g	Xanthan

ZUBEREITUNG

01 Wasser und Alginat in einer hohen Schüssel mit einem Mixstab gut vermischen und für 2 Stunden in den Kühlschrank stellen.

02 Alle weiteren Zutaten miteinander verrühren.

03 Alginatbad in eine flache Schüssel gießen. Eine weitere Schüssel mit Wasser vorbereiten.

04 Mit einem tiefen Löffel die Hibiskus-Mischung in das Alginatbad tropfen, sodass Drops entstehen, und diese 2–3 Minuten ziehen lassen.

05 Sphären vorsichtig im Wasserbad abspülen.

Joghurt-Bomben

ZUTATEN

250 ml	Wasser
1,5 g	Alginat
250 g	Vanillejoghurt

ZUBEREITUNG

01 Wasser und Alginat in einer hohen Schüssel gut durchmixen und für 2 Stunden in den Kühlschrank stellen.

02 Alginatbad in eine flache Schüssel gießen und eine weitere Schüssel mit Wasser vorbereiten.

03 Vanillejoghurt mit einem Teelöffel vorsichtig in das Alginatbad tropfen. Mit einem zweiten Löffel die ganze Sphäre untertauchen.

04 Joghurt-Bomben 2 Minuten ziehen lassen.

05 Im Wasserbad abwaschen und bis zum Servieren darin aufbewahren.

TIPP: Servieren Sie die Joghurt-Bomben mit **Himbeer-Espuma (S. 81)** oder mit Johannisbeersirup.

falsches Spiegelei

ZUTATEN

für den Dotter:

500 ml	Wasser
2,5 g	Alginat
250 ml	Mango-Maracuja-Smoothie (Innocent)
3 g	Gluconolactat
1 g	Xanthan

für das Eiweiß:

100 ml	Kokosmilch
60 ml	Kokosnusssirup
40 ml	Milch
20 ml	Wasser
1,7 g	Gellan

ZUBEREITUNG

01 Wasser und Alginat in einer hohen Schüssel gut mixen. Für 2 Stunden in den Kühlschrank stellen.

02 Smoothie mit Gluconolactat und Xanthan verrühren.

03 Alginatbad in eine flache Schüssel gießen und eine weitere Schüssel mit Wasser vorbereiten.

04 Mit einem tiefen Löffel den Smoothie-Mix in das Alginatbad gießen, sodass Sphären entstehen.

05 2–3 Minuten ziehen lassen.

06 Sphären vorsichtig im Wasserbad abspülen und darin aufbewahren, bis das »Eiweiß« fertig gegossen ist.

07 Zutaten für das »Eiweiß« in einem Topf gut miteinander verrührren und auf mind. 85 °C erhitzen.

08 Die Masse auf vorbereitete Teller gießen.

09 Noch während das Eiweiß-Gel warm ist, die zuvor gemachten Smoothie-Sphären (»Dotter«) in die Mitte des Gels legen.

Tipps & Tricks

MEIN FRISCH GEMACHTER AN-SATZ FUNKTIONIERT NICHT – WO LIEGT DER FEHLER?

Mischt man Alginat mit einer Flüssigkeit, bilden sich lange, negativ geladene Zuckerketten aus. Dieser Prozess dauert allerdings ein paar Minuten. Wenn die Alginat-Lösung zu früh in das Gluconolactat-Bad getropft wird, sind noch keine Alginatketten vorhanden, die vom positiv geladenen Kalzium verbunden werden könnten. Somit können auch keine Kaviarkugeln entstehen.

WARUM KOMMEN MIT LIMETTENSAFT KEINE KAVIARKUGELN ZUSTANDE?

Schuld daran ist die hohe Säurekonzentration des Limettensaftes. Die darin enthaltenen positiv geladenen Wasserstoffionen decken die negativen Ladungen auf den Alginatmolekülen ab. Das Kalzium im Gluconolactat kann dadurch in seiner vernetzenden Funktion nicht mehr wirksam werden und die Tropfen verteilen sich im Gluconolactat-Bad, ohne die erwünschten Kugeln zu bilden.

KANN ICH MIT SAUREN FLÜSSIG-KEITEN ÜBERHAUPT KEINEN MOLE-KULAREN KAVIAR HERSTELLEN?

Es gibt einen Trick, um aus leicht sauren Flüssigkeiten Kaviarkugeln herzustellen. Man fügt zur Alginat-Lösung 1 % Natriumcitrat, ein Salz, das den pH-Wert anhebt, hinzu. Durch die Erhöhung des pH-Wertes sind weniger positiv geladene Wasserstoffionen in der Lösung, welche die negativ geladenen Alginatmoleküle maskieren und somit die Vernetzungsreaktion behindern. Das Kalzium im Gluconolactat findet jetzt wieder ausreichend Bindungsstellen am Alginat und kann Kugeln ausbilden. Bei zu hoher Zugabe von Natriumcitrat kann es jedoch zu einer salzigen Note kommen, die geschmacklich nicht mit dem Ausgangsprodukt harmoniert.

MEIN SPHÄRENANSATZ IST ZU DÜNNFLÜSSIG UND MACHT PROBLE-ME BEIM EINBRINGEN INS ALGINAT-BAD. WAS KANN ICH DAGEGEN TUN?

Dieses Problem kann mit einer geringen Zugabe von Xanthan behoben werden. Um die optimale Konsistenz zu finden, wird in 0,1-g-Schritten das Verdickungsmittel zugegeben und jedes Mal gut vermischt.

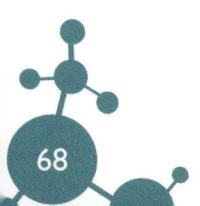

KANN ICH DEN KAVIAR FÜR GÄSTE VORBEREITEN UND DANN IN DEM JEWEILIGEN AUSGANGSPRODUKT, Z. B. MANGOSAFT, LAGERN?

Prinzipiell ist dies möglich, allerdings gelieren die Kaviarkugeln nach ca. 30 Minuten völlig durch und verlieren dadurch massiv an Geschmack. Auch die Lagerung im Ausgangsprodukt kann diesen Prozess nicht stoppen. Die beste Möglichkeit ist, die Alginat-Lösung und das Gluconolactat-Bad separat im Kühlschrank zu lagern und den Kaviar erst direkt vor dem Servieren herzustellen. Wenn größere Mengen benötigt werden, empfiehlt sich die Anschaffung einer Multispritze mit 8 Auslässen oder einer Kaviarmaschine.

WARUM GELIERT NICHT JEDES JOGHURT IM ALGINATBAD?

Der Kalziumgehalt von Joghurt kann recht unterschiedlich sein und daher die Gelierbarkeit beeinflussen. Wenn zu wenig Kalzium enthalten ist, geliert das Joghurt im Alginatbad nicht aus. Man kann jedoch nachhelfen, indem man zusätzlich Gluconolactat, welches Kalzium enthält, dem Joghurt in 0,1-g-Schritten beimengt.

WIE KANN ICH SPHÄREN AM BESTEN LAGERN?

Frisch zubereitete Sphären lagert man am besten in Wasser oder Fruchtsaft und stellt sie dann bis zur Verwendung in den Kühlschrank. Mithilfe dieser Lagerungsmethode lassen sich Sphären sehr gut vorbereiten. Lässt man sie hingegen bei Raumtemperatur auf einem Teller, trocknet die Sphärenoberfläche aus und zieht sich zusammen.

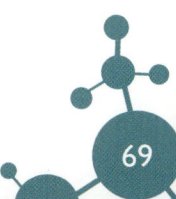

69

ESPUMA

Handgriffe Espuma

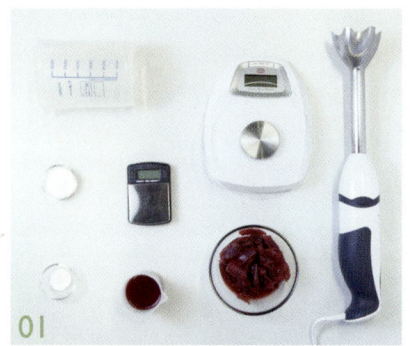

01

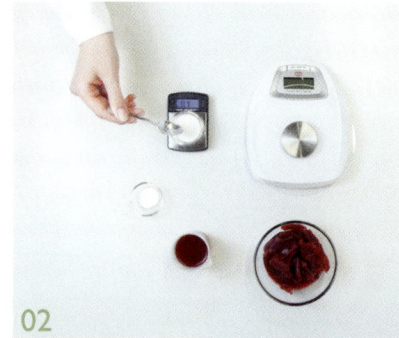

02

03

04

05

06

07

08

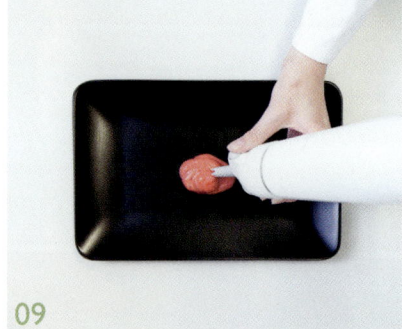

09

Rote-Rüben-Espuma

ZUTATEN

10 g	ProEspuma
1 g	Xanthan
150 g	eingelegte Rote Rüben
75 ml	Essigwasser von eingelegten Rüben
150 ml	Wasser
15 Trpf	roter Tabasco
1 EL	schwarzer Balsamico
3 TL	Dijon Senf
2	Stickstoffpatronen

ZUBEREITUNG

01 Alle benötigten Utensilien und Zutaten bereitstellen.

02 ProEspuma und Xanthan einwiegen.

03 Die Roten Rüben mit dem Roten-Rüben-Essig, Wasser, Tabasco, Balsamico und Senf vermischen.

04 Alles gut pürieren.

05 Die Flüssigkeit durch ein Sieb drücken.

06 In einen Sahnesiphon füllen.

07 2 Stickstoffpatronen bereithalten.

08 Xanthan und ProEspuma ebenfalls in die Flasche schütten. Siphon zudrehen und gut schütteln. Mit den Stickstoffpatronen begasen.

09 Espuma servieren.

Steinpilz-Espuma

ZUTATEN

15 g	getrocknete Steinpilze
400 ml	Wasser
1 Prise	Salz, Pfeffer
2	Lorbeerblätter
1 g	Xanthan
7,5 g	ProEspuma
2	Stickstoffpatronen

ZUBEREITUNG

01 Pilze im kalten Wasser 4 Stunden ziehen lassen.

02 Anschließend aufkochen und mit Salz, Pfeffer und Lorbeerblättern würzen. Pilze einige Minuten im heißen Wasser ziehen lassen.

03 Pilze entfernen und den Fond kalt werden lassen.

04 250 ml des kalten Fonds in einen Sahnesiphon füllen und Xanthan sowie ProEspuma hinzufügen.

05 Siphon gut verschließen und kräftig schütteln.

06 Mit 2 Patronen begasen und bis zur Verwendung kalt stellen.

Roquefort-Espuma

ZUTATEN

100 g	Roquefort
200 g	Sauerrahm
100 ml	Sahne
3	Eiweiß
1 Prise	Salz, Pfeffer
2	Stickstoffpatronen

ZUBEREITUNG

01 Käse, Sauerrahm, Sahne und Eiweiß pürieren.

02 Etwas Salz und Pfeffer zugeben.

03 Durch ein Sieb streichen.

04 Die Masse in einen Sahnesiphon füllen.

05 Mit 2 Stickstoffpatronen begasen und bis zur Verwendung in den Kühlschrank stellen.

Cocktail-Espumas

CAMPARI-ESPUMA

150 ml	Campari
100 ml	Wasser
7,5 g	ProEspuma
1 g	Xanthan
2	Stickstoffpatronen

ZUBEREITUNG

01 Alle Zutaten in einen Sahnesiphon füllen.

02 Gut schütteln.

03 Mit 2 Stickstoffpatronen begasen.

04 Bis zur Verwendung in den Kühlschrank stellen.

BLUE-HAWAII-ESPUMA

150 ml	Sahne
30 ml	Kokosnusssirup
25 ml	Blue-Curaçao
25 ml	Ananassaft
2	Eiweiß
2	Stickstoffpatronen

GIN-ESPUMA

250 ml	Gin
7,5 g	ProEspuma
1 g	Xanthan
2	Stickstoffpatronen

Kresseschaumsüppchen-Espuma

ZUTATEN

½	Zwiebel
10 g	Butter
10 g	Mehl
250 ml	Weißwein
400 ml	Gemüsebouillon
200 ml	Sahne
40 g	Gartenkresse
1 Prise	Salz, Pfeffer
7,5 g	ProEspuma
1 g	Xanthan
2	Stickstoffpatronen

ZUBEREITUNG

01 Zwiebel fein hacken.

02 Butter in einer Pfanne erhitzen. Zwiebeln und Mehl dazugeben, ca. 2 Minuten dünsten.

03 Das Ganze mit dem Wein ablöschen und dann mit der Gemüsebouillon aufgießen.

04 Bei niedriger Hitze ca. 15 Minuten köcheln lassen.

05 Sahne und Kresse in die Suppe geben und pürieren.

06 Mit Salz und Pfeffer würzen.

07 Suppe auskühlen lassen und dann durch ein feines Sieb streichen.

08 250 ml der Suppe in einen Sahnesiphon füllen.

09 ProEspuma und Xanthan hinzugeben und mit 2 Patronen begasen. Bis zur Verwendung im Kühlschrank aufbewaren.

fruchtige Espumas

BANANEN-ESPUMA

2	reife Bananen
100 ml	Kokosmilch
1 EL	Joghurt
1 EL	Staubzucker
1 g	Xanthan
7,5 g	ProEspuma
2	Stickstoffpatronen

ZUBEREITUNG

01 Bananen pürieren, Kokosmilch, Joghurt und Staubzucker untermischen.

02 Durch ein feines Sieb streichen.

03 Die Bananencreme in einen Sahnesiphon füllen.

04 Xanthan und ProEspuma hinzugeben, zudrehen und gut schütteln.

05 Mit 2 Stickstoffpatronen begasen.

HIMBEER-ESPUMA

250 ml	Himbeerpüree (ohne Kerne)
100 ml	Sahne
2 EL	Staubzucker
7,5 g	ProEspuma
1 g	Xanthan
2	Stickstoffpatronen

ZUBEREITUNG

01 Himbeerpüree, Sahne und Staubzucker mischen.

02 Durch ein feines Sieb streichen.

03 250 ml der Mischung in einen Sahnesiphon füllen.

04 ProEspuma und Xanthan hinzugeben, zudrehen und gut schütteln.

05 Mit 2 Stickstoffpatronen begasen.

Tipps & Tricks

MEIN HIMBEER-ESPUMA HAT DIE FLASCHE VERSTOPFT – WAS TUN?

Grundsätzlich sollte jeder Espuma-Ansatz vorab durch ein feinmaschiges Sieb gestrichen werden, um eben dies zu verhindern. Sollte der Auslass des Sahnesiphons dennoch verstopfen, kann man versuchen, den Druck aus der Flasche zu bekommen, indem man den Auslass vorsichtig mit einer Büroklammer bearbeitet.

WARUM WERDEN BEI DEN REZEPTEN IMMER ZWEI STICK-STOFFKAPSELN VERWENDET?

Wir verwenden zwei Kapseln, um genügend Druck aufzubauen. Durch den Druck wird die Flüssigkeit noch stärker aufgeschäumt.

WIE LANGE HÄLT MEIN ESPUMA AUF DEM TELLER?

Das kommt auf die Zusammensetzung des Espumas an. Grundsätzlich ist ein Espuma bei Raumtemperatur ca. 10 Minuten stabil. Aufgrund der physikalischen Gegebenheiten kehrt der Espuma jedoch wieder in seine energetisch günstigste Form, den flüssigen Zustand, zurück. Als Faustregel kann man sagen, je wärmer der Schaum ist, desto stärker die Molekülbewegung und desto instabiler ist dieser.

STIMMT ES, DASS ICH EINEN FOND ERST ABKÜHLEN LASSEN MUSS, BEVOR ICH DIE TEXTURGEBER HINZUGEBE?

Ja, denn fügt man die Texturgeber bereits im warmen Zustand hinzu, kann dies dazu führen, dass sich daraus kleine Klumpen bilden, die den Auslass des Sahnesiphons verstopfen. Möchte man seinen Gästen warme Espumas servieren, kann man auf spezielle Texturgeber für warme Espumas, die sich in ihrer Zusammensetzung etwas von denen für kalte unterscheiden, zurückgreifen.

WORAUS BESTEHT PROESPUMA?

ProEspuma ist eine ausgewogene Kombination verschiedener Verdickungsmittel aus der Familie der Hydrokolloide. Dazu gehören Carrageen, Guarkernmehl, Natriumalginat sowie Glucose und Mono- und Diglyceride von Speisefettsäuren. Damit kann fast jede Flüssigkeit mithilfe eines Sahnesiphons zum dicken Espuma transformiert werden.

BEI EINIGEN REZEPTEN WURDE WEDER PROESPUMA NOCH XANTAN BEIGEFÜGT. ES SCHÄUMT TROTZDEM WUNDERBAR – WIESO?

Das Eiweiß, genau genommen die im Eiweiß enthaltenen Proteine sorgen in diesem Fall für die Ausbildung des Espuma-Schaums.

WIE VIELE PORTIONEN ESPUMA ERHALTE ICH UNGEFÄHR, WENN ICH DIE REZEPTE NACHKOCHE?

Bei einer Menge von 250 ml Flüssigkeit kann man mit mindestens 12 Portionen pro Flasche rechnen, sofern der Espuma nur als Beilage gedacht ist.

AIR

Handgriffe Air

Grapefruit-Air

ZUTATEN

100 ml   Grapefruitsaft (frisch gepresst)

20 ml   Sojamilch

ZUBEREITUNG

01   Alle Utensilien bereitstellen.

02   Grapefruit auspressen.

03   Den Saft mit der Sojamilch in einer großen Schüssel verrühren.

04   Die Schüssel schräg halten und die Flüssigkeit mit einem Mixstab mixen.

05   Den entstandenen Schaum mit einem Löffel vorsichtig abschöpfen.

06   Den Schaum sofort servieren, denn er hält maximal 2 bis 3 Minuten!

gefrorenes Parmesan-Air

ZUTATEN

200 g	Parmesan
400 ml	Wasser
2 g	Lecithin

ZUBEREITUNG

01 Parmesan mit Wasser und Lecithin aufkochen.

02 Die Masse abkühlen lassen.

03 Das Wasser aus der Parmesan-Mischung abgießen und auffangen. Die festen Parmesanreste, die sich am Boden abgesetzt haben, werden nicht weiterverwendet.

04 Das Parmesan-Wasser mit einem Mixstab ordentlich aufschäumen.

05 Den entstandenen Schaum in ein Glas oder eine Schale geben, mit einer Folie abdecken und für ca. 1 Stunde ins Gefrierfach stellen.

06 Den gefrorenen Schaum mit einem Löffel auf einem Teller anrichten.

Air-Allerlei

BASILIKUM-AIR

1 Bund	Basilikum
120 ml	Wasser
1 g	Lecithin

ZUBEREITUNG

01 Basilikum mit Wasser vermengen und mit dem Stabmixer fein pürieren.

02 Das Lecithin zugeben, die Schüssel schräg halten und mit dem Mixstab weitermixen.

03 Den entstandenen Schaum mit einem Löffel vorsichtig abschöpfen.

04 Den Schaum sofort servieren.

BALSAMICO-AIR

70 ml	Balsamico
30 ml	Wasser
1 g	Lecithin

ZUBEREITUNG

01 Balsamico mit Wasser und Lecithin in eine Schüssel geben.

02 Die Schüssel schräg halten und mit einem Mixstab mixen.

03 Den entstandenen Schaum mit einem Löffel vorsichtig abschöpfen.

04 Den Schaum sofort servieren.

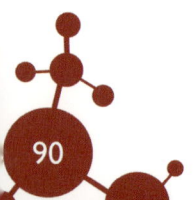

BITTER-LEMON-AIR

100 ml	Bitter-Lemon (Schweppes)
1 g	Lecithin

ZUBEREITUNG

01 Bitter-Lemon und Lecithin in eine Schüssel geben.

02 Schüssel schräg halten und mit einem Mixstab mixen.

03 Den entstandenen Schaum mit einem Löffel vorsichtig abschöpfen.

04 Den Schaum sofort servieren.

KARTOFFEL-AIR

250 g	geschälte Kartoffeln
400 ml	Wasser
1 Prise	Salz, Pfeffer, Muskatnuss
1,5 g	Lecithin

ZUBEREITUNG

01 Kartoffeln schneiden und in Salzwasser weich kochen.

02 Pfeffer und Muskatnuss dem Kochwasser hinzugeben.

03 200 ml Kartoffel-Kochwasser abseihen.

04 Das Lecithin zugeben, die Schüssel schräg halten und mit dem Mixstab aufschäumen.

05 Den entstandenen Schaum mit einem Löffel vorsichtig abschöpfen.

06 Den Schaum sofort servieren.

Tipps & Tricks

MEIN AIR-ANSATZ SCHÄUMT NICHT – WORAN KANN DAS LIEGEN?

Bei dieser Technik sind die Fehlerquellen recht vielfältig. Zum Beispiel können sich auf dem Mixstab oder Handmixer noch Spuren von Spülmittel befinden, die eine Schaumbildung aufgrund ihrer Wirkung auf die Oberflächenspannung verhindern. Um dies zu verhindern, den Mixstab bzw. die Rührstäbe des Handmixers vor Gebrauch gründlich mit Wasser abspülen. Wenn der Mixstab ständig hin und her bewegt wird, kann es sein, dass der entstandene Schaum durch diese Bewegung wieder zerstört wird. Daher den Mixstab immer an derselben Stelle in die Flüssigkeit halten und den entstandenen Schaum konstant abschöpfen.

KANN ICH AIRS AUCH OHNE LECITHIN HERSTELLEN?

Ja, das ist kein Problem. Man nimmt am besten Lebensmittel, die bereits von Natur aus einen hohen Lecithin-Gehalt aufweisen. Karottensaft lässt sich wunderbar ohne Hilfsmittel aufschäumen. Auch Sojamilch enthält viel Lecithin. Hierfür die Sojamilch im Verhältnis 1:5 zu dem gewünschten Produkt hinzufügen und aufschäumen.

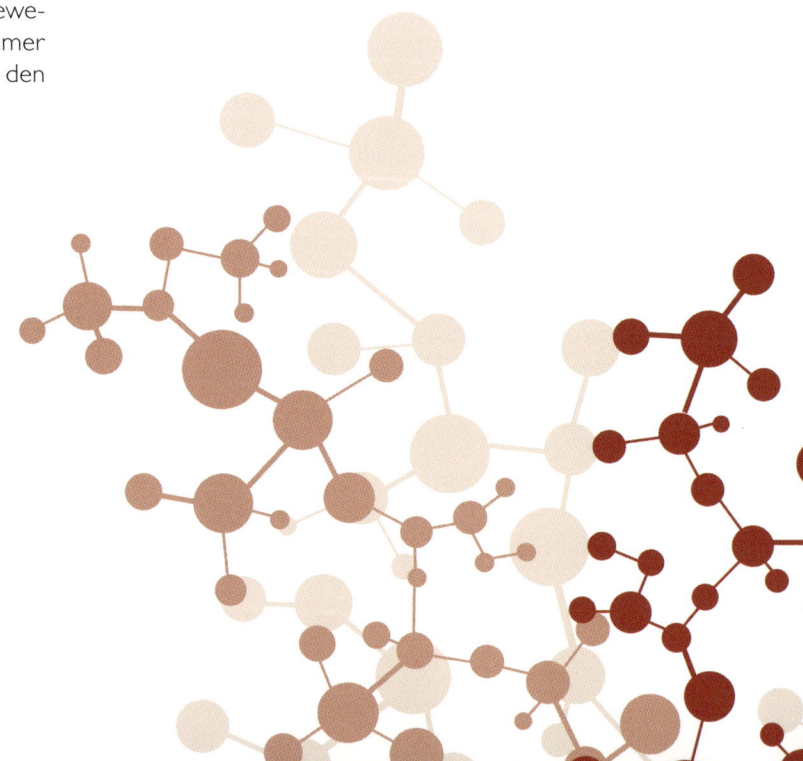

MEIN AIR HAT EINEN LEICHT SANDIGEN NACHGESCHMACK – WORAN LIEGT DAS?

Wenn ein Air einen sandig-pulvrigen Nachgeschmack hat, wurde wahrscheinlich zu viel Lecithin beigemengt. Um dies zu vermeiden, sollte Lecithin eher sparsam eingesetzt werden, da eine große Menge Lecithin die Schaumbildung nur bedingt verstärkt.

KANN ICH JEDES AIR EINFRIEREN?

Das hängt vom Proteingehalt des Airs ab. Da das Einfrieren im Haushaltsgefrierschrank (-20 °C) relativ langsam erfolgt, platzen die Luftblasen der meisten Airs auf Wasserbasis (z. B. Bitter-Lemon-Air). Beim langsamen Runterkühlen bilden sich große Eiskristalle, die die Luftbläschen zum Platzen bringen. Hingegen können Eischnee oder Parmesan-Air gut eingefroren werden, da Sie eine höhere Proteinkonzentration besitzen, welche die Luftbläschen stabilisiert.

WIE KANN ICH EINE GROSSE MENGE AIR HERSTELLEN, OHNE DAFÜR DEN GANZEN ABEND IN DER KÜCHE STEHEN ZU MÜSSEN?

Möchte man viele Gäste bewirten, kann die Herstellung eines Airs mit dem Mixstab möglicherweise zu zeitintensiv werden. Denn bis das Air auf dem letzten Teller angerichtet ist, zerfällt es auf dem ersten Teller schon wieder. Doch es gibt einen Trick: Man nimmt eine Aquariumpumpe und gibt diese in eine Schale mit der Flüssigkeit, die zum Air werden soll. Diese produziert konstant Air, welches man leicht mit einem Sieblöffel entnehmen kann.

SOUS
VIDE

Zwiebel

mit Gemüse-Couscous-Fülle & reduziertem Balsamico

ZUTATEN (FÜR 4 PERSONEN)

4	Zwiebeln
4	Mini-Zucchini (alternativ 1 große Zucchini der Länge nach vierteln)
1	Melanzani
150 g	Couscous
250 ml	Salzwasser
200 g	Gemüse (Paprika, Zucchini, Melanzani …)
3 EL	Olivenöl
1 Prise	Salz, Pfeffer, Chili
4 EL	Balsamico-Reduktion (S. 145)

ZUBEREITUNG

01 Zwiebeln schälen, halbieren und in einen Vakuumbeutel geben. Mini-Zucchini halbieren, Melanzani in Scheiben schneiden, beide in jeweils einen eigenen Vakuumbeutel füllen und vakuumieren.

02 Das vakuumierte Gemüse im Wasserbad garen:
Zwiebeln: 85 °C; 70 Minuten
Zucchini: 85 °C; 35 Minuten
Melanzani: 85 °C; 60 Minuten

03 Couscous in Salzwasser kochen.

04 Das restliche Gemüse würfelig schneiden, in einer Pfanne mit etwas Öl anrösten und mit Salz, Pfeffer und Chili würzen. Dann unter den gekochten Couscous mischen.

05 Zwiebeln aus dem Beutel nehmen und die innersten Schichten herausnehmen.

06 Zwiebeln mit Couscous-Gemüse füllen.

07 Gegarte Mini-Zucchini und Melanzani salzen und auf einen Teller legen.

08 Gemeinsam mit den gefüllten Zwiebeln anrichten und mit reduziertem Balsamico dekorieren. Für die Zubereitung der Balsamico-Reduktion siehe Rezept Seite 145.

Scholle
mit Thai-Sauce & Rote-Rüben-Reis

ZUTATEN (FÜR 4 PERSONEN)

200 g	Basmati-Reis
1 EL	Butter
400 ml	Wasser
100 g	gekochte Rote Rüben
4	Schollenfilets
1	Zitrone
2 TL	Dill
8 Blatt	Orangenminze
2	Frühlingszwiebeln
1	frische Chili
10 g	frischer Ingwer
200 ml	Gemüsefond
100 ml	Kokosmilch
1 Prise	Salz, Pfeffer

ZUBEREITUNG

01 Den Reis in Butter anrösten und mit Wasser aufgießen und salzen.

02 Die Roten Rüben schneiden und zum Reis geben. Kochen, bis der Reis gar ist.

03 Schollenfilets mit kaltem Wasser waschen und mit Zitronenscheiben, Dill und Orangenminze vakuumieren.

04 Die Scholle bei 50 °C für 20 Minuten im Wasserbad garen.

05 Frühlingszwiebeln und Chili schneiden. Ingwer fein reiben.

06 Gemüsefond aufkochen und Kokosmilch zugeben. Frühlingszwiebeln, Chili und Ingwer beifügen und ca. 10 Minuten köcheln lassen.

07 Die Thai-Sauce mit Salz und Pfeffer abschmecken.

08 Gegarte Scholle salzen und gemeinsam mit dem Rote-Rüben-Reis und der Thai-Sauce anrichten.

TIPP: Die Thai-Sauce kann mit Safran gelb gefärbt werden, sodass sich ein schöner Farbkontrast zum roten Reis ergibt.

99

Riesengarnele
mit Rhabarber & Papaya

ZUTATEN (FÜR 4 PERSONEN)

4	Riesengarnelen
1	Zitrone, Orange
8 Blatt	Zitronenmelisse
1 Stange Rhabarber	
1	Papaya
200 g	Quinoa-Bulgur-Mix
500 ml	Salzwasser
1 Prise	Salz

ZUBEREITUNG

01 Garnelen waschen, mit je einer Scheibe Orange und Zitrone und der Zitronenmelisse im Vakuumbeutel verschließen und vakuumieren. Für 30 Minuten bei 62 °C ins Wasserbad geben.

02 Rhabarber schälen und in 2 cm große Stücke schneiden.

03 Papaya gut abwaschen und der Länge nach in 4 Scheiben schneiden. Kerne entfernen.

04 Die Papayascheiben gemeinsam mit den Rhabarberstücken in einem Beutel vakuumieren und im vorgewärmten Bad bei 75 °C für 20 Minuten garen.

05 Quinoa-Bulgur-Mix in Salzwasser 12 Minuten kochen. Das überschüssige Wasser wegschütten.

06 Getreide-Mix anrichten.

07 Garnelen salzen und auf dem Getreide platzieren. Papaya und Rhabarber dazugeben.

Kabeljau

mit Meeresspargel, Wildreis & Karotten-Air

ZUTATEN (FÜR 4 PERSONEN)

150 g	Wildreis
300 ml	Salzwasser
2	mittelgroße Karotten
4	Kabeljaufilets
100 g	Meeresspargel
200 ml	frisch gepresster Karottensaft
1 Prise	Salz
1 TL	frischer Estragon

ZUBEREITUNG

01 Wildreis in Salzwasser kochen.

02 Die Karotten schälen, in Scheiben schneiden, vakuumieren und bei 85 °C im Wasserbad für 60 Minuten garen. (Achtung! Nicht gemeinsam mit dem Fisch vakuumieren, da die Karotten eine höhere Gartemperatur als der Fisch benötigen).

03 Fisch waschen, in einen Vakuumbeutel geben und vakuumieren. Im vorgeheizten Wasserbad bei 50 °C für 25 Minuten garen lassen.

04 Meeresspargel waschen, schneiden und 10 Minuten in Wasser kochen.

05 Karottensaft in eine große Schüssel geben. Den Saft mit einem Mixstab aufschäumen. Die Schüssel dabei schräg halten, dann bildet sich mehr Schaum.

06 Den Schaum während des Mixens immer wieder abschöpfen.

07 Vakuumbeutel aufschneiden, den Fisch salzen und mit fein gehacktem Estragon bestreuen.

08 Wildreis mit Meeresspargel und Fisch anrichten, kurz vor dem Servieren das Karotten-Air auf den Teller geben.

Lachssteak
mit Süßkartoffeln, Mango, Ananas & Rote-Rüben-Espuma

ZUTATEN (FÜR 4 PERSONEN)

½	Ananas
1 TL	Butter
1	Vanilleschote
2 EL	Honig
2	Süßkartoffeln
2	halbierte Knoblauchzehen
1 TL	Koriandersamen
1	Zitrone
1	Mango
4	Lachsfilets
1 Bund	Basilikum
1 TL	frischer Dill
1 Prise	Salz, Pfeffer
4–8 EL	Rote-Rüben-Espuma (S. 73)

ZUBEREITUNG

01 Ananas schälen und schneiden. Mit Butter, ½ Vanilleschote und 1 EL Honig in den Vakuumbeutel geben und 70 Minuten bei 85 °C im Wasserbad garen lassen.

02 Süßkartoffeln schälen und in Scheiben schneiden. Zusammen mit Knoblauch und zerstoßenen Koriandersamen in den Vakuumbeutel geben und vakuumieren. Im 85 °C heißen Wasserbad 45 Minuten garen lassen.

03 ½ Zitrone auspressen. Mango schälen und schneiden. Mit ½ Vanilleschote, Zitronensaft und 1 EL Honig in den Vakuumbeutel geben und 30 Minuten bei 60 °C garen.

04 Lachs waschen und mit einem Küchentuch abtupfen.

05 Die Lachsfilets in je einen Vakuumbeutel geben. Eine Seite des Filets mit Basilikum und die andere Seite mit Dill belegen. Restliche Zitrone aufschneiden und hinzufügen, den Vakuumbeutel verschließen und vakuumieren.

06 Wasserbad auf 48 °C erwärmen, die Lachsfilets 30 Minuten darin garen. Vorsichtig aus dem Beutel holen und mit Salz und Pfeffer würzen.

07 Für die Zubereitung des Rote-Rüben-Espumas siehe Rezept Seite 73.

08 Alles gemeinsam servieren.

105

Beiried

mit Petersilwurzel, Erbsenreis, Erbsen-Espuma & Rotwein-Reduktion

ZUTATEN (FÜR 4 PERSONEN)

4	Beiriedschnitten
2	Petersilwurzeln
250 g	Reis
500 ml	Salzwasser
400 g	Erbsen
1 Prise	Salz, Zucker
100 ml	Gemüsebrühe
7,5 g	ProEspuma
1 g	Xanthan
2	Stickstoffpatronen
100 ml	Rotwein
200 ml	Rindsfond
1 Prise	Salz, Pfeffer
2 EL	Olivenöl

ZUBEREITUNG

01 Beiried unter kaltem Wasser abwaschen und mit einem Küchentuch trocken tupfen.

02 Petersilwurzeln schälen und halbieren. Je eine halbe Petersilwurzel zusammen mit einer Beiriedschnitte in einen Vakuumbeutel geben und verschließen.

03 Für 120 Minuten ins 58 °C warme Wasserbad legen.

04 Reis in gesalzenem Wasser gar kochen.

05 Erbsen mit einer Prise Salz und Zucker garen und abseihen. 150 g entnehmen und dem Reis beimengen.

06 Restliche Erbsen mit der Gemüsebrühe pürieren und durch ein feines Sieb streichen.

07 Erbsenpüree gemeinsam mit ProEspuma und Xanthan in einen Sahnesiphon füllen, gut schütteln und mit 2 Stickstoffpatronen begasen.

08 Rotwein und Rindsfond zusammen aufkochen undauf ein Drittel reduzieren. Mit Salz und Pfeffer würzen.

09 Beiried und die Petersilwurzel aus dem Wasserbad nehmen und beides in einer Pfanne mit etwas Olivenöl scharf anbraten.

10 Beiried auf einem Rotweinspiegel mit Erbsen-Espuma, Erbsenreis und Petersilwurzel servieren.

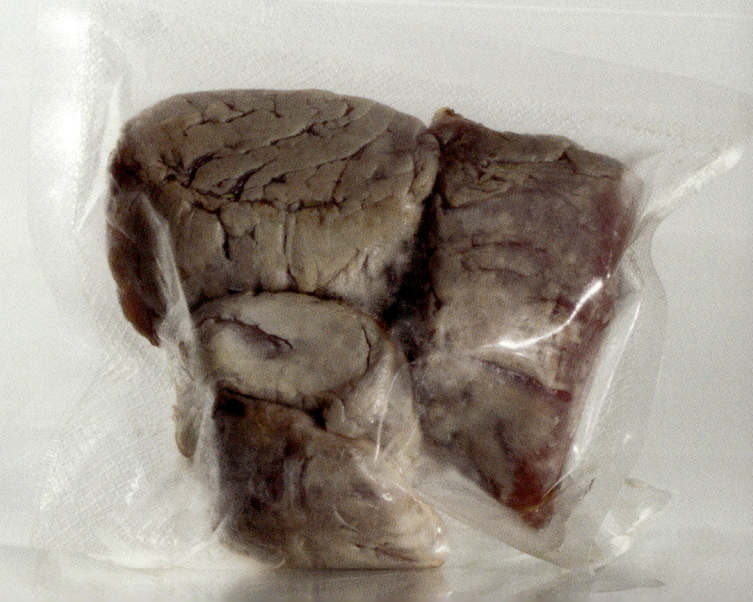

Schweinsfischerl

mit Petersilkartoffeln. Balsamico-Gel. & Maracuja-Drops

ZUTATEN (FÜR 4 PERSONEN)

1	Schweinsfischerl
50 ml	Balsamico
50 ml	Wasser
0,8 g	Gellan
400 g	kleine Kartoffeln
1 EL	Butter
2 TL	Petersilie
4 EL	Balsamico-Air S. 90
4-8	Maracuja-Drops (süßsaure Drops) S. 45
1 Prise	Salz

ZUBEREITUNG

01 Fleisch abwaschen, abtropfen und in einen Vakuumbeutel geben und vakuumieren. Für 35 Minuten bei 60 °C im Wasserbad garen.

02 Balsamico und Wasser mit Gellan gut verrühren. Auf mind. 85 °C aufkochen und auf einem flachen Teller ausgießen.

03 Das Gel erkalten lassen und in quadratische Stücke schneiden.

04 Kartoffeln in Wasser kochen, schälen und in Butter knusprig anrösten. Geschnittene Petersilie darüber streuen.

05 Zubereitung Balsamico-Air siehe Seite 90.

06 Zubereitung Maracuja-Drops siehe Seite 45.

07 Schweinsfischerl salzen und in Stücke schneiden, mit Petersilkartoffeln, Balsamico-Gel und Maracuja-Drops anrichten.

08 Zum Abschluss das Balsamico-Air auf den Teller geben.

Hühnerbrust
mit Orangen-Kumquat-Couscous

ZUTATEN (FÜR 4 PERSONEN)

1–2	Hühnerbrüste
1 Zweig Rosmarin
1	Orange
200 g	Kumquats
200 g	Couscous
300 ml	Salzwasser
50 ml	frisch gepresster Orangensaft
1 Prise	Salz, Pfeffer

ZUBEREITUNG

01 Hühnerbrüste mit Rosmarin in einen Vakuumbeutel geben und vakuumieren. Bei 60 °C für 40 Minuten im Wasserbad garen.

02 Orangenspalten und Kumquats würfelig schneiden.

03 Couscous in Salzwasser und Orangensaft kochen.

04 Nach 10 Minuten die Orangen-Kumquat-Würfel in den Couscous einrühren und ziehen lassen.

05 Hühnerbrust entnehmen, salzen, pfeffern und mit dem Couscous servieren.

TIPP: Dem Reis können noch Rosinen beigefügt werden, das verleiht ihm eine leichte Süße, die gut zum Orangenaroma passt.

Tipps & Tricks

WAS SIND DIE VORTEILE DES SOUS-VIDE-GARENS?

Das Garen im Vakuumbeutel bietet viele Vorteile. Die Aromen des Garguts selbst sowie die sich bildenden Aromakombinationen von Kräutern und Gewürzen können nicht verdampfen und bleiben erhalten. Zusätzlich wird das Gargut im Wasserbad schonend und gleichmäßig gegart. Sprich, die Denaturierung der Proteine findet langsam statt und das Fleisch wird dadurch sehr zart. Bei Temperaturen um die 60 °C bleibt zudem das Wasser im Fleisch gebunden, was sich durch eine besondere Saftigkeit des Fleisches bemerkbar macht.

KANN ICH MEINE SOUS VIDE GEGARTEN FLEISCH- UND GEMÜSESTÜCKE IM KÜHLSCHRANK LAGERN UND AM ABEND AUF- WÄRMEN UND SERVIEREN?

Ja, das ist möglich. Die Sous-Vide-Beutel müssen aber sofort, nachdem sie aus dem Wasserbad genommen wurden, in ein Eisbad gelegt werden. Dadurch wird verhindert, dass sich sporenbildende Bakterien, die beim Niedertemperaturgaren eventuell nicht abgetötet wurden, während des langsamen Abkühlungsprozesses vermehren können.

WIE KANN ICH SOUS VIDE GEGARTES FLEISCH MIT RÖSTAROMEN VERSEHEN?

Indem man das Fleisch nach dem Garen in einer heißen Pfanne scharf anbrät. Eine alternative Methode um Röstaromen zu erzeugen ist die Verwendung eines Bunsenbrenners, mit dessen Hilfe man das Fleisch abflammt. Von einem Vorbraten, wie es teilweise in der Kochliteratur beschrieben wird, raten wir eher ab, da die entstandene Kruste mit den Röstaromen nach dem Garungsprozess nicht mehr kross ist.

IN INTERNETFOREN WIRD IMMER WIEDER DIE SOUS-VIDE-TECHNIK MIT BAKTERIENWUCHS IN VERBINDUNG GEBRACHT – WAS MUSS ICH BEACHTEN, UM DIESEN ZU VERMEIDEN?

Bakterien befinden sich nahezu auf allen Lebensmitteln. Ein kleiner Bruchteil davon kann uns gesundheitlich schaden. Sauberes Arbeiten und qualitativ hochwertige sowie frische Produkte sind Grundvoraussetzungen für ein sicheres Arbeiten mit dieser Kochtechnik. Selbst das Biohuhn kann mit Salmonellen und anderen Keimen kontaminiert sein. Deshalb gilt es, beim Sous-Vide-Garen verschiedene Temperaturuntergrenzen einzuhalten, damit diese Keime sich nicht vermehren können bzw. absterben. Um Listerien, Staphylokokken und Salmonellen im Fleisch abzutöten, sind 30 Minuten bei 62 °C im Wasserbad nötig. Problematisch bleibt Fisch, der sein Garoptimum bei 52 °C hat. Hier gilt es umso mehr, auf Frische und Herkunft zu achten.

WIE GENAU SIND DIE IM BUCH ANGEGEBENEN GARZEITEN EINZUHALTEN?

Die Zeitangaben in unserem Buch sind eher als Richtwerte anzusehen, da immer auch die Dicke der Garstücke bzw. auch der Reifegrad von Obst und Gemüse beachtet werden muss. Reiferes Obst braucht meist eine etwas kürzere Garzeit und auch eine geringere Temperatur. Unsere Temperaturangaben dienen ebenfalls eher zur Orientierung und sollten Ihnen helfen, die optimalen Bedingungen für die gewünschte Konsistenz zu finden.

KRYO

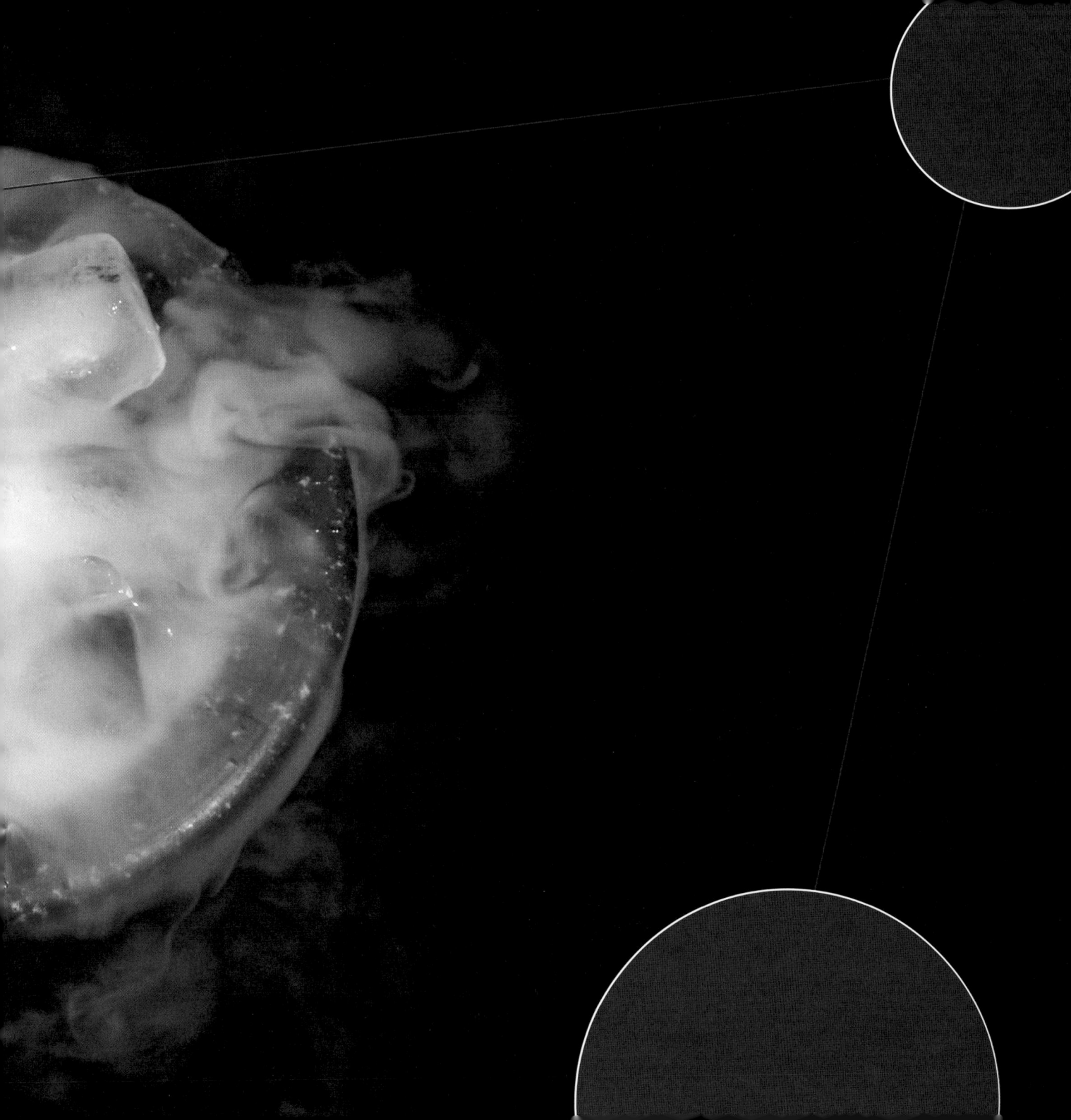

Thé à la menthe

ZUTATEN

1 Zweig frische Minze

flüssiger Stickstoff

6 Stk   Würfelzucker

250 ml   kochendes Wasser

1 TL   Trockeneis

ZUBEREITUNG

01   Minze in flüssigem Stickstoff schockgefrieren.

02   6 Zuckerwürfel in ein Glas geben. Die gefrorene Minze dazulegen.

03   Das Glas mit kochendem Wasser auffüllen.

04   Tee-Ei mit Trockeneis füllen, in das Glas hängen und mit dem entstehenden Nebel servieren.

Tonic Water
mit Gurken-Wacholder-Aroma

ZUTATEN

1	Gurke
10	Wacholderbeeren
10 g	frischer Ingwer
150 ml	Tonic Water
3 EL	Trockeneis

ZUBEREITUNG

01 Gurke entsaften.

02 Wacholderbeeren grob mörsern.

03 Ingwer schälen und reiben.

04 Alle Zutaten in eine Saugflasche füllen.

05 Einen Plastikschlauch an die Flasche anschließen und das andere Ende direkt ins Tonic Water hängen.

06 Trockeneis in die Saugflasche füllen und diese verschließen. Die Aromen werden so über den Schlauch ins Tonic Water überführt.

TIPP: Tonic Water gemeinsam mit **Gin-Espuma (S. 77)** servieren.

kalt frittierte Kräuter

ZUTATEN

Kräuter nach Belieben:

Basilikum

Minze

Petersilie

Dill

Koriander etc.

flüssiger Stickstoff

Schutzbrille

ZUBEREITUNG

01 Unbedingt eine Schutzbrille tragen!

02 Kräuter in den flüssigen Stickstoff halten, bis sie ganz durchgefroren sind.

03 Gefrorene Kräuter zersplittern oder im Ganzen auf einer Speise platzieren.

INFO: Flüssiger Stickstoff ist -196 °C kalt. Daher werden die Kräuter beim Eintauchen schockgefroren und nicht langsam runtergekühlt. Auf diese Weise werden die Zellwände zerstört und die Aromastoffe schonend freigesetzt. Oxidationsreaktionen und enzymatischer Abbau werden dadurch minimiert. Der Kräutergeschmack wird anschließend intensiver wahrgenommen.

Obstsplitter

ZUTATEN

Obst nach Belieben:

Zitrusfrüchte

Himbeeren

Kirschen etc.

flüssiger Stickstoff

Schutzbrille

ZUBEREITUNG

01 Unbedingt eine Schutzbrille tragen!

02 Obst in flüssigen Stickstoff legen. Zitrusfrüchte vorher schälen.

03 Je nach Größe des Obstes kann die Dauer des Stickstoffbades variieren.

04 Obst mit einer Schaumkelle herausnehmen und auf ein Geschirrtuch legen.

05 Das Geschirrtuch wie ein Säckchen halten und damit einige Male fest auf eine Unterlage schlagen, bis das Obst klein zersplittert ist.

06 Die Splitter eignen sich bestens zur Dekoration von Speisen.

ACHTUNG: **Die gefrorenen Obstsplitter nicht direkt in den Mund nehmen!** Wegen der enormen Kälte bleiben zu große Stücke auf der Zunge kleben, dies kann zu Verletzungen führen.

gefrorene Tomaten-Meringue

ZUTATEN

250 ml	**Tomatensuppe (S. 137)**
1 g	Xanthan
7,5 g	ProEspuma
2	Stickstoffpatronen
flüssiger Stickstoff	

ZUBEREITUNG

01 Die Tomatensuppe fein pürieren und durch ein feines Sieb streichen

02 Die Zutaten in einen Sahnesiphon geben. Den Siphon verschließen, mit den Stickstoffpatronen begasen und gut schütteln.

03 Kleine, kreisförmige Portionen des Tomaten-Espumas auf einen Esslöffel sprühen und in den flüssigen Stickstoff fallen lassen.

04 Ca. 5 Sekunden gefrieren lassen, mit einer Schaumkelle mehrmals wenden und danach abschöpfen.

05 Einige Sekunden warten, bevor man die Meringue verzehrt.

Tipps & Tricks

IST ES GEFÄHRLICH, MIT FLÜSSIGEM STICKSTOFF UND TROCKENEIS ZU ARBEITEN?

Ja, das ist es! Trockeneis hat eine Temperatur von −78 °C und flüssiger Stickstoff ist sogar −196 °C kalt. Diese niedrigen Temperaturen können schwere Erfrierungen verursachen und das menschliche Gewebe irreparabel schädigen. Deshalb müssen ein paar Vorsichtsmaßnahmen eingehalten werden, um sicher und unfallfrei mit diesen Stoffen in der Küche arbeiten zu können. Wir empfehlen unbedingt eine Einschulung in den sicheren Umgang mit diesen Stoffen, z. B. bei einem Molekularen Kochkurs. Beim vorschriftsgemäßen Erwerb der Stoffe unbedingt die Sicherheitsdatenblätter mitnehmen und durchlesen. Um die Augen vor Spritzern zu schützen, sollte beim Hantieren mit flüssigem Stickstoff immer eine Schutzbrille getragen werden. Bitte nie in alkoholisiertem Zustand mit diesen Stoffen arbeiten.

TROCKENEIS IN GETRÄNKEN – WAS IST DABEI ZU BEACHTEN?

Wenn kleine Stücke Trockeneis verschluckt werden, können diese das Gewebe der Speiseröhre und des Magens massiv schädigen. Die Zellen, die mit dem Trockeneis in Kontakt kommen, frieren ein und werden durch die sich bildenden Eiskristalle zerstört. Wenn Trockeneis in einem Cocktail serviert wird, sollte unbedingt ein Tee-Ei verwendet werden. Es verhindert, dass sich kleine Trockeneisstücke lösen und diese verschluckt werden, erlaubt jedoch gleichzeitig, dass das gasförmige CO_2 entweichen kann und für den Nebeleffekt sorgt.

KANN ICH MIT FLÜSSIGEM STICKSTOFF SPEISEEIS HERSTELLEN?

Ja, ein mit Stickstoff hergestelltes Eis schmeckt sogar besonders gut, da durch das sehr rasche Herunterkühlen mittels flüssigem Stickstoff nur kleine und feine Eiskristalle gebildet werden und das Eis somit besonders cremig wird. Der Nachteil ist jedoch, dass man eine große Menge an flüssigem Stickstoff braucht und zudem ein kältebeständiges Gefäß, in dem man das Eis zubereiten kann. Wir verwenden eine normale Plastikschüssel und achten darauf, den Stickstoff langsam und in kleinen Mengen zuzugeben. Auch hier gilt: Unbedingt eine Schutzbrille tragen!

WO KANN ICH FLÜSSIGEN STICKSTOFF UND TROCKENEIS KAUFEN?

Mögliche Anbieter für diese Stoffe sind Linde Gas und Air Liquid. Man sollte beim Erwerb immer erwähnen, dass die Stoffe für eine kulinarische Anwendung benötigt werden. Bitte auf Trockeneis, welches manchmal in Post-Sendungen zum Kühlen beigegeben wird, in der Küche verzichten, da es mit anderen Substanzen kontaminiert sein könnte.

WAS GILT ES NOCH, ZU BEACHTEN?

Beim Transport von großen Mengen Trockeneis bzw. flüssigen Stickstoffs im eigenen PKW sollte man unbedingt die Fenster im Auto geöffnet lassen, sodass genügend Frischluft ins Auto einströmt. Auch die Lagerung von großen Mengen muss in einem gut belüfteten Raum vorgenommen werden, da sich das Kohlendioxid (CO_2) beziehungsweise der Stickstoff sonst ungehindert anreichern kann und den Sauerstoff verdrängt. Der Erstickungstod wäre bei Nichtbeachtung die tragische Folge.

KREATIV

dreierlei Gazpacho
Espuma | Gel | Suppe

GAZPACHO-ESPUMA

350 ml	Gazpacho (S. 133)
7,5 g	ProEspuma
1 g	Xanthan
2	Stickstoffpatronen

ZUBEREITUNG

01 Pürierte Suppe durch ein feines Geschirrtuch drücken und den Saft sammeln.

02 250 ml der Gazpacho in einen Sahnesiphon füllen.

03 ProEspuma und Xanthan hinzufügen, gut schütteln und mit 2 Stickstoffpatronen begasen.

GAZPACHO-GEL

120 ml	Gazpacho (S. 133)
1 g	Gellan

ZUBEREITUNG

01 Pürierte Suppe mit Gellan vermischen und auf mind. 85 °C erhitzen.

02 Auf einen flachen Teller gießen, etwa 10–15 Minuten fest werden lassen. Das Gel dann in Stücke schneiden..

GAZPACHO-SUPPE

Zutaten und Zubereitung siehe Basisrezept Seite 133

BASISREZEPT
GAZPACHO

2

250 g	Kirschtomaten
½	grüne Paprikaschote
½	rote Paprikaschote
25 g	Salatgurke
½	Zwiebel
450 ml	passierte Tomaten
150 ml	Gemüsebouillon
25 ml	Balsamico
40 ml	Olivenöl
1	Knoblauchzehe
½	Chilischote
1 Prise	Salz, Pfeffer

01 Das Gemüse schneiden und in eine Schüssel geben.

02 Passierte Tomaten mit Bouillon, Essig, Öl, Knoblauch und Chili vermischen und zum Gemüse geben.

03 Mit Salz und Pfeffer würzen und mit einem Mixstab fein pürieren.

04 Ein Teil der Gazpacho kann direkt als Suppe genossen werden. 470 ml des Ansatzes können abgenommen werden und zu Espuma und Gel weiterverarbeitet werden.

modifizierte Tomate
Sphäre | Espuma | Gel

TOMATEN-SPHÄRE

500 ml   Wasser

7,5 g   Alginat

1 g   Xanthan

3 g   Gluconolactat

250 ml   Tomatensuppe (S. 137)

1 Bund   frisches Basilikum

ZUBEREITUNG

01   Wasser und Alginat gut mixen und für 2 Stunden in den Kühlschrank stellen.

02   Xanthan und Gluconolactat in die Suppe geben und gut pürieren. Basilikum in Streifen schneiden und ebenfalls in die Suppe geben.

03   Alginatbad in eine Schüssel füllen und eine weitere Schüssel mit Wasser vorbereiten.

04   Die Tomatensuppe mit einem tiefen Löffel in das Alginatbad tropfen, sodass Kugeln entstehen. Für 2–3 Minuten ziehen lassen und im Wasserbad abspülen.

TOMATEN-ESPUMA

250 ml   klarer Tomatenfond (S. 137)

1 g   Xanthan

7,5 g   ProEspuma

ZUBEREITUNG

01   Alle Zutaten in einen Sahnesiphon füllen.

02   Gut schütteln.

03   Mit 2 Stickstoffpatronen begasen.

TOMATEN-GEL

Zutaten und Zubereitung siehe Rezept Seite 136

modifizierte Tomate
Gel

TOMATEN-GEL

120 ml	klarer Tomatenfond (S. 137)
1 g	Gellan

ZUBEREITUNG

01 Tomatenfond mit Gellan in einem Topf vermischen.

02 Unter ständigem Rühren auf mind. 85 °C erhitzen.

03 Auf einen Teller oder in Silikonförmchen leeren und auskühlen lassen.

04 Das Gel in die gewünschte Form schneiden.

BASISREZEPT 3
TOMATENSUPPE

2	Zwiebeln
2	Knoblauchzehen
1 EL	Olivenöl
3 EL	Zucker
150 ml	Weißwein
500 g	passierte Tomaten
50 ml	Wasser
1 Prise	Salz, Pfeffer

01 Zwiebeln und Knoblauch in Würfel schneiden und in Olivenöl anrösten. Zucker darüber streuen, gut umrühren und leicht bräunen.

02 Portionsweise den Wein unterrühren. Alles einige Minuten köcheln lassen.

03 Tomaten und Wasser hinzugeben. Salzen und pfeffern.

04 Für ca. 1 Stunde kochen lassen. Danach die Suppe zur Weiterverwendung abkühlen lassen.

BASISREZEPT 4
KLARER TOMATENFOND

1 kg	Tomaten
1–2	Knoblauchzehen
ca. 10	Basilikumblätter
	Salz, Pfeffer, Zucker

01 Tomaten mit den anderen Zutaten pürieren und durch ein Sieb streichen.

02 Masse vorsichtig durch ein Geschirrtuch drücken.

03 Den klaren Tomatenfond auffangen und weiterverwenden.

Thaisuppen-Variation
Gel | Espuma | Sphäre

THAISUPPEN-GEL

100 ml	Thaisuppe (S. 141)
0,8 g	Gellan

ZUBEREITUNG

01 Gellan in die erkaltete Suppe einrühren.

02 Auf mind. 85 °C erhitzen und auf einen Teller gießen.

03 Auskühlen lassen und nach Wunsch zuschneiden.

THAISUPPEN-ESPUMA

250 ml	Thaisuppe (S. 141)
7,5 g	ProEspuma
1 g	Xanthan
2	Stickstoffpatronen

ZUBEREITUNG

01 Die kalte Suppe pürieren, durch ein feines Sieb streichen und in einen Sahnesiphon füllen.

02 ProEspuma und Xanthan hinzugeben und gut schütteln.

03 Mit den Stickstoffkapseln begasen.

THAISUPPEN-SPHÄRE

Zutaten und Zubereitung siehe Rezept Seite 140

Thaisuppen-Variation
Sphäre

THAISUPPEN-SPHÄRE

250 ml	Wasser
2,5 g	Alginat
200 ml	Thaisuppe (S. 141)
3 g	Gluconolactat
1,5 g	Xanthan
1,5 g	Natriumcitrat

ZUBEREITUNG

01 Wasser und Alginat mixen und für 2 Stunden in den Kühlschrank stellen.

02 Die Thaisuppe pürieren.

03 Gluconolactat, Xanthan und das Natriumcitrat untermischen.

04 Alginatbad in eine Schüssel füllen. Eine weitere mit Wasser befüllen.

05 Thaisuppe mit einem möglichst tiefen Löffel in das Alginatbad tropfen.

06 2–3 Minuten darin ziehen lassen und dann die Sphären im Wasserbad abspülen.

BASISREZEPT
THAISUPPE

5

60 g	Paprika
2	Frühlingszwiebeln
1–2	Chilischoten, ohne Kerne
200 ml	Hühnersuppe
250 ml	Kokosmilch
1 Briefchen Safran	
1	Limette
20 g	frischer Ingwer
1 Prise	Salz, Pfeffer

01 Paprika und Frühlingszwiebeln würfeln, Chili fein hacken.

02 Hühnersuppe mit Kokosmilch aufkochen.

03 Chilischoten und Safran zugeben und etwas einkochen lassen.

04 Etwas Limettenschale abreiben und mit dem Paprika und den Frühlingszwiebeln in die Suppe geben.

05 Ingwer schälen, reiben und unter die Suppe mischen.

06 Mit Limettensaft, Salz und Pfeffer würzen.

umstrukturierte Birne
Gel | Creme

BIRNENWÜRFEL
(für Birnen-Gel & Birnen-Creme)

2	Birnen
1 EL	Butter
1 EL	Zucker
Zitronensaft	

ZUBEREITUNG

01 Birnen in kleine Würfel schneiden.

02 In etwas Butter anbraten, Zucker darüber streuen. und karamellisieren lassen.

03 Auskühlen lassen, mit Zitronensaft beträufeln und für Birnen-Gel und Birnen-Creme weiterverwenden.

BIRNEN-GEL

150 ml	Birnensaft
1,3 g	Gellan
150 g	karamellisierte Birnenwürfel

ZUBEREITUNG

01 Saft und Gellan verrühren und auf 85 °C erhitzen.

02 Die Saft-Gellan-Masse in 8 kleine Silikonförmchen (Ø 5 cm) gießen, karamellisierte Birnenwürfeln untermengen und auskühlen lassen.

BIRNEN-CREME

150 ml	Birnensaft
1,5 g	Xanthan
150 g	karamellisierte Birnenwürfel

ZUBEREITUNG

01 Saft und Xanthan mixen.

02 Karamellisierten Birnenwürfel untermengen und gemeinsam mit dem Birnen-Gel servieren.

143

Ratatouille-Gel
in Mini-Paprika mit Balsamico-Reduktion

ZUTATEN

für das Ratatouille-Gel:

30 g	Melanzani
10 g	Frühlingszwiebeln
20 g	bunte Paprika
30 g	Zucchini
2 EL	Olivenöl
200 ml	klarer Tomatenfond (S. 137)
2 g	Agar-Agar
4	Mini-Paprika

für die Balsamico-Reduktion:

500 ml	Balsamico
500 ml	Trauben- oder Apfelsaft
4 EL	Honig

ZUBEREITUNG

01 Melanzani, Frühlingszwiebeln, Paprika und Zucchini sehr fein schneiden und in Olivenöl anrösten.

02 Abkühlen lassen.

03 Tomatenfond und Agar-Agar in einem Topf vermischen und auf mind. 85 °C erhitzen.

04 Die Mini-Paprika halbieren und das abgekühlte Gemüse in den Paprikahälften verteilen.

05 Das noch flüssige Tomatenfond-Gel darüber gießen. Eventuell Gemüse und Gel mit einem Löffel miteinander vermischen.

06 Auskühlen lassen und nach Wunsch schneiden.

07 Für die Balsamico-Reduktion alle Zutaten in einem Topf aufkochen lassen und auf ein Drittel des Volumens einreduzieren lassen.

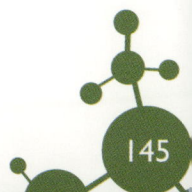

geräucherter Schafskäse

ZUTATEN

100 g   Schafskäse

Mönchspfeffer

Buchenspäne

Räuchergerät (z. B. Aladin)

ZUBEREITUNG

01   Schafskäse in Streifen schneiden und in eine Glasglocke legen.

02   Mönchspfeffer auf dem Käse verteilen.

03   Räuchergerät mit Buchenspänen befüllen.

04   Räuchergerät aktivieren und den Rauch unter die Glocke einblasen.

05   10 Minuten einwirken lassen, bis der Käse das Aroma angenommen hat.

Parmesan-Lollies

ZUTATEN

100 g   Parmesan

Pfeffer, aus der Pfeffermühle

Holzstäbchen

ZUBEREITUNG

01   Den Parmesan reiben.

02   3–5 Holzstäbchen auf einen hitzebeständigen Teller auflegen.

03   Den geriebenen Parmesan portionsweise auf den Stäbchen verteilen und großzügig pfeffern.

04   Für 90 Sekunden bei 900 Watt in die Mikrowelle geben.

05   Noch im warmen Zustand vorsichtig vom Teller lösen und auskühlen lassen.

Chili-Vanilli-Lutscher

ZUTATEN

90 g	Fondant
60 g	Glucose
Chili-Salz	
Vanillezucker	
Holzstäbchen	

ZUBEREITUNG

01 Holzstäbchen auf einem Backpapier auflegen.

02 Fondant und Glucose in einem Topf erhitzen.

03 Wenn das Zuckergemisch zu karamellisieren beginnt (goldbraune Farbe), den Topf von der Herdplatte nehmen.

04 Den flüssigen Zucker auf die Holzstäbchen gießen.

05 Noch im heißen Zustand Chili-Salz und Vanillezucker darüber streuen.

06 Auskühlen lassen und vorsichtig vom Backpapier lösen.

07 Je nachdem, wie lange man die Zuckermischung erhitzt, entstehen unterschiedliche Farbtöne.

> **ACHTUNG:** Wenn das Zuckergemisch zu lange kocht, wird es dunkelbraun und es entwickeln sich Bitterstoffe.

Haselnuss-Vulkankuchen

ZUTATEN

3	Eier
2	Dotter
25 g	Mehl
60 g	Zucker
150 g	Nutella
2	Stickstoffpatronen

ZUBEREITUNG

01 Alle Zutaten gut miteinander verrühren. Es sollten keine Klümpchen mehr vorhanden sein!

02 Die homogene Mischung in einen Sahnesiphon füllen.

03 Den Sahnesiphon mit den beiden Stickstoffpatronen begasen und kurz in den Kühlschrank stellen.

04 Kleine Gläser oder Tassen vorbereiten.

05 Die Gläser oder Tassen bis zur Hälfte mit dem Nutella-Schaum befüllen.

06 Für 1–2 Minuten, je nach Watt, in die Mikrowelle stellen.

07 Entweder warm essen oder abwarten, bis der Kuchen auskühlt und knusprig wird.

> **TIPP:** Servieren Sie diesen Kuchen mit dem **Bananen-Espuma (S. 81)** und einem kleinen Stück Orange.

Luftkuchen-Variationen

KOKOS-LUFTKUCHEN

3	Eier
2	Dotter
160 ml	Kokosnusssirup
25 g	Mehl
50 g	Zucker
2	Stickstoffpatronen

KAFFEE-LUFTKUCHEN

3	Eier
2	Dotter
90 g	Mascarpone
120 g	Zucker
60 g	Löskaffee (in 10 ml Wasser gelöst)
2	Stickstoffpatronen

ZUBEREITUNG

01 Alle Zutaten gut miteinander verrühren. Es sollten keine Klümpchen mehr vorhanden sein!

02 Die homogene Mischung in einen Sahnesiphon füllen.

03 Den Sahnesiphon mit den beiden Stickstoffpatronen begasen und kurz in den Kühlschrank stellen.

04 Kleine Gläser oder Tassen vorbereiten.

05 Die Gläser oder Tassen bis zur Hälfte mit dem Kokos- oder Kaffee-Schaum befüllen.

06 Für 1–2 Minuten, je nach Watt, in die Mikrowelle stellen.

07 Entweder warm essen oder abwarten, bis der Kuchen auskühlt und knusprig wird.

Tipps & Tricks

VERÄNDERT DIE MIKRO-WELLENSTRAHLUNG MEIN ESSEN NEGATIV?

Nein! Das ist ein Gerücht ohne wissenschaftliche Grundlage, das immer noch durch diverse obskure Foren im Internet verbreitet wird. Mikrowellen sind elektromagnetische Wellen (wie z.B. auch sichtbares Licht oder UV-Strahlung), die Wassermoleküle zum Schwingen bringen. Durch diese Bewegung entsteht Wärme. Da fast alle Lebensmittel Wasser enthalten, können sie auch in der Mikrowelle erhitzt werden. Kochen mit der Mikrowelle (also ohne Herd) ist eine Herausforderung, denn aufgrund der unregelmäßigen Wasserverteilung in den Lebensmitteln werden manche Stellen im Vergleich zum Rest zu stark oder zu schwach erhitzt.

WAS IST ZU BEACHTEN, WENN ICH DAS ERSTE MAL RÄUCHERE?

Die im Rauch enthaltenen Aromen und Verbindungen setzen sich auf dem Räuchergut ab und verleihen diesem die gewünschte Note. Als Räuchermehl und somit Aromageber verwenden wir Buchen- oder Eichenholz. Hier kann aber mit anderen Holzsorten und Ansätzen experimentiert werden. Hat man keine Glasglocke zur Hand, kann ein wiederverschließbarer Plastikbeutel verwendet werden. Unser Schweizer Kreativkoch Rolf Caviezel räuchert mit dieser Technik sogar Popcorn.

KANN ICH DIE CHILI-VANILLI-LUTSCHER AUCH BUNT FÄRBEN?

Mit flüssiger Lebensmittelfarbe ist das kein Problem. Hierfür die gewünschte Farbe während des Einschmelzvorgangs beimengen. Möchte man auf künstliche Farben verzichten, können die Lollies auch mit diversen Obst- und Gemüsesäften eingefärbt werden. Dabei sollte jedoch beachtet werden, dass nicht alle Inhaltsstoffe hitzestabil sind und sich während des Erhitzens farblich und/oder geschmacklich verändern können.

KÖNNEN DIE KÄSE-LOLLIES NUR MIT PARMESAN HERGESTELLT WERDEN?

Nein. Es kann nahezu jeder Hartkäse verwendet werden, sofern er mit einer Reibe zerkleinert werden kann, um ihn dann in kleinen Häufchen auf den Holzstäben zu platzieren. Auch beim Würzen ist man nicht auf Pfeffer beschränkt, sondern kann von Chili-Salz bis hin zu diversen Gewürzmischungen alles einsetzen, was die Hitze des Backens verträgt.

MUSS ICH DEN KUCHEN DIREKT AUS DEM GLAS ESSEN ODER KANN ICH IHN AUS DEM GLAS RAUSNEHMEN?

Im warmen Zustand lässt sich der Kuchen leicht aus seiner Form entfernen, indem man den Rand mit einem Messer ablöst. Bei dieser Variante sollte allerdings beachtet werden, dass die Küchlein relativ schnell austrocknen, was aber eine knusprige Note mit sich bringt. Hier empfiehlt es sich, den Luftkuchen mit einem passenden Espuma zu servieren. Wer den Vulkankuchen lieber soft genießen möchte, kann ihn in der Tasse lassen und eine Espuma-Haube darauf setzen, dadurch wird ein schnelles Austrocknen verhindert.

Häufige Texturgeber

In der Molekularen Küche werden verschiedene Texturgeber eingesetzt, um Lebensmittel strukturell und damit auch geschmacklich zu verändern. Diese Texturgeber wurden nicht speziell für die Anwendungen in der Molekularen Küche erfunden, sondern sind Zusatzstoffe, die in der Lebensmittelproduktion ständig verwendet werden. Anbei haben wir die wichtigsten Substanzen aufgelistet und deren Herkunft und Verwendung in der Molekularen Küche sowie in der industriellen Lebensmittelproduktion erklärt. Die in Klammern vermerkten E-Nummern geben die entsprechenden Indexnummern der erlaubten Lebensmittelzusatzstoffe in der Europäischen Union an.

AGAR-AGAR (E406)

wird aus Rotalgen gewonnen. In der Molekularen Küche sowie in der Standardküche wird Agar-Agar als beliebtes Geliermittel eingesetzt. Weitere Einsatzgebiete: Eiscreme und tiefgefrorenes Kleingebäck.

CELLULOSE-PULVER (E460II)

Herstellung aus Holz oder Baumwollabfällen. Einsatz in der Lebensmittelherstellung: im Speiseeis als Fettersatzstoff.

GELLAN (E418)

wird synthetisch auf pflanzlicher Basis (Mais) hergestellt. In der Molekularen Küche dient es hauptsächlich zur Fertigung von Gelen. In der Lebensmittelindustrie wird es auch als Verdickungs- und Geliermittel eingesetzt.

CARRAGEEN (E407)

wird aus Rotalgen gewonnen. In der Molekularen Küche wird es als Geliermittel eingesetzt oder in Kombination mit anderen Texturgebern als Espuma-Mix. Einsatzgebiete: Desserts, Eiscreme, Instantmischungen, Salatdressings.

ESTER DER MONO- UND DI-GLYCERIDE VON SPEISE-FETTSÄUREN (E471)

Herstellung kann auf natürlichem oder synthetischem Weg erfolgen. In der Molekularen Küche wird dieser Texturgeber im Espuma-Mix eingesetzt, in der Lebensmittelindustrie als Emulgator und Mehlbehandlungsmittel. Weitere Einsatzgebiete: Desserts, Feingebäck, Margarine, Suppen.

GLUCONOLACTAT (E578)

ist ein kaltlösliches Kalziumsalz und wird aus der Gluconsäure gebildet. Eingesetzt wird es zum Beispiel für die Sphärifizierung. Es dient aber auch als Komplexbildner, Säureregulator sowie Stabilisator.

GLYCERIN (E422)

wird synthetisch hergestellt. In der Molekularen Küche werden damit dünne, essbare Folien gemacht. Weiteres Einsatzgebiet: Feuchthaltemittel.

GUARKERNMEHL (E412)

wird aus den Samen der Guarpflanze hergestellt. In der Molekularen Küche oftmals als Verdickungsmittel eingesetzt. Weitere Einsatzgebiete: Fertigsalate, fertige Saucen und Fruchtgetränke.

JOHANNISBROT-KERNMEHL (E410)

ist ein Extrakt aus Samen des Johannisbrotbaumes. Es wird in der Molekularen Küche und in der Standardküche als Verdickungsmittel für Gele eingesetzt. In der Lebensmittelindustrie: Fertigsalate und andere Fertigprodukte.

KALIUMPHOSPHATE (E340)

werden als Säureregulatoren (Puffer) eingesetzt und sorgen für die Stabilität des Säuregrades von Lebensmitteln.

LECITHIN (E322)

wird aus Samen von Leguminosen, Mais, Erdnüssen und Eiern gewonnen. In der Molekularen Küche verwendet man Lecithin, um Airs herzustellen, aber auch als Emulgator. Einsatzgebiete in der Lebensmittelindustrie: Herstellung von Milchpulver, Schokolade, Süßwaren, Emulgator für diverse Produkte.

METHYLCELLULOSE (E461)

Herstellung erfolgt synthetisch aus Cellulose. In der Molekularen Küche werden damit Papiere, flüssig-feste Nudeln oder heißes Eis hergestellt. In der Lebensmittelindustrie wird dieser Texturgeber bei Knabbergebäck aus Kartoffelteig (z. B. Stapelchips) eingesetzt.

NATRIUMALGINAT (E401)

Alginat wird aus Braunalgen gewonnen. Das Salz der Alginsäure wird in der Molekularen Küche für die direkte Sphärifizierung (Kaviar) sowie für die indirekte Sphärifizierung (Sphären) eingesetzt. Zudem dient es als Verdickungsmittel. Einsatzgebiete in der Industrie: Herstellung von Desserts, Eiscreme, Pudding.

PEKTIN (E440)

Herstellung aus Pressrückständen der Apfelsaft- oder Apfelweinherstellung oder aus Orangenschalen. Einsatzgebiete: Gele und Marmeladen.

XANTHAN (E415)

Herstellung erfolgt durch Fermentation von Zucker durch Bakterien (Xanthomonas). Xanthan ist eines der beliebtesten Verdickungsmittel in der Molekularen Küche, aber auch in der Lebensmittelindustrie. Weitere Einsatzgebiete: Fertigsalate und Fertiggerichte.

Literaturempfehlungen

Wenn Sie durch unser Buch auf den Geschmack gekommen sind und mehr über die Chemie und Physik in der Küche erfahren möchten, dann empfehlen wir folgende Bücher, die auch in unseren Bücherregalen zu finden sind. Wir wünschen Ihnen viel Spaß beim Schmökern. Bleiben Sie interessiert und inspiriert!

THOMAS VILGIS:
**Molekularküche –
Das Kochbuch**
(VERLAG: TRE TORRI 2007)
Wer mehr über die molekularen Mechanismen beim Kochen oder über die Chemie und Physik des Kochens erfahren möchte, sollte unbedingt zu dem Buch von Thomas Vilgis greifen.

HAROLD MCGEE:
**On food and cooking –
the science and lore of the kitchen**
(VERLAG: SCRIBNER 2007)
Die Bibel aller Kochinteressierten von Harold McGee. Kurze historische Abhandlungen zu verschiedenen Speisen und Zubereitungstechniken werden ergänzt durch Beschreibungen der Zutaten und deren Herkunft. Kein Kochbuch im klassischen Sinn.

NATHAN MYHRVOLD:
Modernist Cuisine at home
(VERLAG: TASCHEN 2013)
Die abgespeckte Version des Monumentalwerkes glänzt durch ihre »Nachkochbarkeit« und durch viele detaillierte Rezeptbeschreibungen.

HERVE THIS-BENCKHARD:
Rätsel und Geheimnisse der Kochkunst naturwissenschaftlich erklärt
(VERLAG: PIPER 2001)
Ein wissenschaftliches Lesebuch über die Küchengeheimnisse und Vorgänge beim Kochen von Herve This verfasst. Unterhaltsam zu lesen, mit einer kräftigen Prise Wissenschaft.

HUBERTUS TZSCHIRNER & THOMAS VILGIS:
Sous Vide – Der Einstieg in die sanfte Gartechnik
(VERLAG: FACKELTRÄGER 2014)
Die Sous-Vide-Technik konnten wir in unserem Buch nur kurz streifen. Wer sich für diesen Bereich der Küche interessiert, kommt an dem Buch nicht vorbei.

ROLF CAVIEZEL & THOMAS VILGIS:
**Foodpairing –
Harmonie & Kontrast**
(VERLAG: FONA 2011)
Das Foodpairing kommt langsam, von den wissenschaftlichen Laboren ausgehend, auch in der modernen Gastronomie zur Anwendung. Das Buch bietet geniale Rezepte mit nicht alltäglichen Geschmackskombinationen sowie handfeste wissenschaftliche Fakten zum Thema. Wer Naturwissenschaften und Essen liebt, wird auch Freude an diesem Buch haben.

Geräte und Hilfsmittel

ALADIN

Aladin ist ein preisgünstiges Räuchergerät, einfach in der Bedienung. Preis ca. 50 Euro. Im Online-Gourmetfachhandel erhältlich.

FEINWAAGEN

Feinwaagen sind für die Molekulare Küche ein Muss, da bei den Texturgebern teilweise eine Genauigkeit im Milligrammbereich notwendig ist. Günstige Feinwaagen (ab 10 Euro) bieten eine ausreichende Genauigkeit und sind auf Online-Portalen wie Amazon oder eBay erhältlich.

FLÜSSIGER STICKSTOFF

Flüssiger Stickstoff hat eine Temperatur von −196 °C. Er kann mit dazugehörigem Dewargefäß beim Gasanbieter bestellt werden. Unbedingt nach Lebensmittelgas fragen. Die Kosten für einen Behälter flüssigen Stickstoffs betragen inklusive Dewar-Leihgebühr ca. 100 Euro. Unbedingt die Sicherheitsvorschriften beachten. *www.linde-gas.at/de/produkte/lebensmittelgase/index.html*

INFRAROT-THERMOMETER

Es misst zwar nur die Oberflächentemperatur, ist aber sehr praktisch, wenn es bei der Gelherstellung verwendet wird. Im Elektrofachhandel schon ab 25 Euro erhältlich.

KAVIARSPRITZE

Für kleine Mengen Kaviar genügen 50 ml Einwegspritzen aus der Apotheke. Stück ca. 50 Cent.

RÄUCHERMEHL

Buchen- oder Eichenmehl zum Räuchern gibt es im Gourmetfachhandel bzw. auch im Internet zu kaufen. 1 Beutel kostet etwa 6 Euro und ist ausreichend für mind. 10 Räucherungen.

SAUGFLASCHE

Die Glasflaschen sind im Laborfachhandel erhältlich. Eine Flasche kostet ca. 20 Euro.

SILIKONMATTEN/ SILIKONFORMEN

Für die Herstellung von Papier und Gelen verwenden wir ausschließlich Silikonmatten. Diese sind in vielen Supermärkten erhältlich. Wir verwenden Matten, die etwa 10 Euro kosten.

SOUS VIDE: VAKUUMBEUTEL

Große Vakuumbeutel (25 x 35 cm, 20 Stück) kosten ca. 17 Euro. Alternativ haben wir verschließbare Beutel von IKEA ISTAD verwendet.

SOUS VIDE: VAKUUMIERGERÄT

Wir verwenden ein Gerät aus dem Gastronomiegroßhandel, das in einer Preisklasse um 80 Euro liegt. Profi-Geräte bekommt man ab 300 Euro aufwärts. Für die Rezepte aus diesem Buch reicht die einfache Variante völlig aus. Es wird zwar argumentiert, dass die teureren Geräte mehr Sauerstoff aus dem Beutel ziehen und so Oxidationsreaktionen in den Lebensmitteln minimiert werden, aber dies konnte kürzlich wissenschaftlich widerlegt werden.

SOUS VIDE: WASSERBAD

Eine thermoelektrische Kühl-/Heizbox reicht für das Probieren dieser Technik aus. Der Preis liegt im Elektrofachhandel bei 50 Euro. Wer weniger tüfteln will, kann sich einen Sous-Vide-Tauchsieder zulegen. Kosten ab 220 Euro müssen eingeplant werden. Wir verwenden Wasserbäder aus dem Laborfachhandel, für ca. 1000 Euro.

TEXTURGEBER

Die in diesem Buch verwendeten Texturgeber sind allesamt im Online-Handel erhältlich. Wir haben unsere Rezepte mit vier Produktlinien ausprobiert, die wir auch weiterempfehlen können: Texturgeber von Sosa, Ferran, Magic Texture Line und die Hausmarke von Spiceworld. Anbei die Online-Bezugsquellen: *www.spiceworld.at* | *www.gourmantis.de* | *www.freestylecooking.ch*

TROCKENEIS

Trockeneis hat eine Temperatur von -78 °C. 15 kg kommen auf ca. 50 Euro. In einer Styroporbox hält das Trockeneis bei Raumtemperatur zwei Tage. Vorsicht beim Transport größerer Mengen im Auto. Das frei werdende CO_2 kann bei zu großer Anreicherung zum Erstickungstod führen! Unbedingt die Sicherheitsvorschriften beachten!

Kokos-Luftkuchen 155
Kräuter, kalt frittiert 121
Kräuter-Sphären 61
Kresseschaumsüppchen-Espuma 79
Kürbiskern-Schoko-Spaghetti 43
Kurkuma-Kartoffelchips 25

L

Lachs-Papier 26
Lachssteak 105
Lecithin 41 51 89 90 91 92 93 159
Luftkuchen-Variation 155

M

Mais-Papier 26
Mango-Gel 33
Mango-Kaviar 56
Maracuja-Drops 45 109
Maracuja-Sphäre 59
Meeresspargel 103
Methylcellulose 21 23 25 26 27 28 159
modifizierte Tomate 135 136
Mozzarella-Papier 21 29

N

Natriumalginat 83 159
Natriumcitrat 45 50 59 68 140

O

Obstsplitter 123
Oliven-Spaghetti 39
Orangen-Kumquat-Couscous 111

P

Papaya 101
Papiervariationen 26
Parmesan-Air 89 93
Parmesan-Lollies 149
Parmesan-Spaghetti 41
Pektin 45 50 159
Petersilkartoffeln 109
Petersilwurzel 107

Pflaumenwein-Gel 37
Pilzreigen 47

R

Ratatouille-Gel 145
Räuchermehl 156 161
Rhabarber-Papaya-Kompott 101
Riesengarnele 101
Roquefort-Espuma 76
Rote-Rüben-Espuma 25 73 105
Rote-Rüben-Papier 23
Rote-Rüben-Reis 99
Rotwein-Reduktion 107

S

Saugflasche 119 161
Schafskäse 147
Scholle 99
Schweinsfischerl 109
Spiegelei, falsches 59 67
    Dotter 67
    Eiweiß 67
Sprite-Minze-Sphäre 61
Steinpilz-Espuma 75
süße Spaghetti 43
Süßkartoffeln 105
süßsaure Drops 45 109

T

Texturgeber 83 158 159 161
    Agar-Agar 50 51 145 158
    Carrageen 158
    Cellulose-Pulver 158
    Gellan 33 35 37 38 39 41 43 45 47 49
        50 51 67 109 131 136 139 143 158
    Gluconolactat 16 55 56 57 59 61 63 67
        68 69 135 140 158
    Guarkernmehl 83 159
    Johannisbrotkernmehl 50 159
    Kaliumphosphate 159
    Lecithin 41 51 89 90 91 92 93 159
    Methylcellulose 21 23 25 26 27 28 159
    Natriumalginat 83 159

Pektin 45 50 159
    Xanthan 59 61 63 67 68 73 75 77 79 81
        107 125 131 135 139 140 143 159
Thai-Sauce 99
Thaisuppe 139 140 141
Thaisuppen-Espuma 139
Thaisuppen-Gel 139
Thaisuppen-Sphäre 140
Thaisuppen-Variation 139 140
Thé à la menthe 117
Tipps & Tricks
    Air 92
    Gele 50
    Kaviar 68
    Kreatives 156
    Kryo 126
    Papier 28
    Sous Vide 112
    Sphären 68
Tomaten-Espuma 125 135
Tomatenfond 135 136 137
Tomaten-Gel 135 136
Tomaten-Meringue, gefroren 125
Tomaten-Spaghetti 38
Tomaten-Sphäre 135
Tomatensuppe 27 125 135 137
Tonic Water 119
Trockeneis 117 119 126 127 161

U

umstrukturierte Birne 143

W

Wacholder 119
Wasserbad 97 101 103 105 107 109 111
    112 113 161
Wildreis 103

X

Xanthan 59 61 63 67 68 73 75 77 79 81
    107 125 131 135 139 140 143 159

Z

Zwiebel mit Gemüse-Couscous-Fülle 97

HELMUT JUNGWIRTH
TEXT

Prof. Dr. Helmut Jungwirth hat in Graz Molekulare Biowissenschaften studiert und auf dem Feld der Apoptoseforschung habilitiert. Seit 2008 ist er geschäftsführender Leiter der 7. fakultät, einer Einrichtung für Wissenschaftskommunikation und Nachwuchsförderung der Karl-Franzens-Universität Graz, der auch das Geschmackslabor angehört. Seit Ende 2015 ist er Mitglied der Science Busters, der nach eigenem Bekunden »ungebrochen schärfsten Scienceboygroup der Milchstraße«. Im Herbst 2016 wurde er zum österreichweit ersten Professor für Wissenschaftskommunikation berufen.

FRITZ TREIBER
IDEE, TEXT & REZEPTENTWICKLUNG

Dr. Fritz Treiber ist promovierter Molekularbiologe, zusätzlich studierte er Altertumskunde an der Universität Graz. Der vielseitig interessierte und kreative Freigeist ist auch passionierter Kampfsporttrainer (MMA), Eventorganisator, Autor und Regisseur. Er ist Initiator und Kursleiter im Geschmackslabor Graz und sorgt für ständig neue Ideen und innovative Impulse. Auch die Idee zu diesem Buch, die Initiative zur Kooperation mit der Ortweinschule und selbstverständlich die Entwicklung vieler neuer Rezepte sind ihm zu verdanken.

NADINE KEMETER
IDEE, TEXT & REZEPTENTWICKLUNG

Nadine Kemeter, BSc, absolvierte ihr Bachelorstudium in Biologie im Bereich Pflanzenphysiologie (Wildkräuter). Seit 2009 arbeitet sie im Offenen Labor Graz und ist Herz und Hand des Geschmackslabors. Ihrer Tatkraft ist die erfolgreiche Umsetzung vieler Ideen und neuer Projekte zu verdanken. Nebenbei macht sie ihren Master in Pflanzenphysiologie. Gemeinsam mit Fritz Treiber hat sie unzählige Stunden im Labor verbracht, um die Rezepte in diesem Buch zu kreieren.

KERSTIN JUNGWIRTH
TEXT & GESTALTUNG

Mag. Kerstin Jungwirth hat in Tübingen Biochemie studiert und dort am Max-Planck-Institut für Entwicklungsbiologie gearbeitet. Nach dem Wechsel aus der Forschung in die Industrie hat es sie zunächst nach Wien und dann nach Graz verschlagen, wo sie jetzt im Bereich der postgraduellen Weiterbildung tätig ist. Nebenbei hat sie ihre Liebe zum Grafik-Design entdeckt und die Gestaltung dieses Buches übernommen.